GLANES
BEAUCERONNES

RECUEILLIES ET PUBLIÉES

PAR

Ad. LECOCQ

Chartrain.

—

Ceux qui ne vouent pas le passé à un oubli
haineux, nous sauront, peut-être, gré de nos
recherches.   L PARIS.

CHARTRES
PETROT-GARNIER, LIBRAIRE
Place des Halles, 16 et 17.

—

M. DCCC. LXX.

GLANES BEAUCERONNES.

GLANES
BEAUCERONNES

RECUEILLIES ET PUBLIÉES

PAR

Ad. LECOCQ

Chartrain.

———

Ceux qui ne vouent pas le passé à un oubli
haineux, nous sauront, peut-être, gré de nos
recherches.   L. Paris.

CHARTRES

PÉTROT-GARNIER, LIBRAIRE

Place des Halles, 16 et 17.

———

M. DCCC. LXX.

SIMPLE AVIS AU LECTEUR.

Le titre de ce petit volume, GLANES BEAUCE-RONNES, *indique bien son contenu ; il exprime, en effet, tout naïvement, qu'il ne doit renfermer que quelques faits ou bribes intéressantes, échappées aux historiens de notre Département, ou dédaignées par eux. Ce sont, en grande partie, des découvertes inattendues, que, dans nos recherches locales touchant le passé de nos pères, un heureux hasard nous a, souvent, mises sous la main ; ce sont des épaves manuscrites ayant trait à l'archéologie, à la biographie, à l'histoire, ou concernant des questions d'administration municipale, relativement à des innovations projetées ou à des démolitions accomplies. Ces* GLANES BEAUCERONNES *nous ont paru dignes d'être recueillies et arrachées ainsi à l'oubli. Peut-être serviront-elles, un jour, à compléter les annales, ou fastes relatant les événements intéressants, ou les sinistres de notre province.*

Quant au plan scientifique ou littéraire, ne le cherchez pas, car nous n'avons jamais eu d'autre prétention que de réunir, en un faisceau, ces faits épars, publiés successivement par nous, dans une des feuilles périodiques de notre localité, le Journal de Chartres. Nous prîmes soin, toutefois, avant de les soumettre à une nouvelle composition typographique, de les enrichir de nouveaux détails, ou de les modifier, suivant les circonstances, et cela en faveur de la présente publication.

Notre modeste recueil ne vous offrira pas l'apologie systématique du passé, dans le but de dénigrer le présent, car le passé eut ses travers, et notre siècle, il faut bien l'avouer, n'en est malheureusement pas exempt. Dans la composition de ces GLANES BEAUCERONNES, notre plume s'est exercée avec une entière liberté d'action. Si, parfois, notre Éditeur nous invita à mettre une sourdine à certains détails historiques et un peu trop frondeurs, peut-être était-il inspiré par la raison. Il est, en effet, si difficile, dans la province, de plaire à tout le monde en disant la vérité, et surtout en l'imprimant! A la moindre allusion un peu malicieuse que vous faites, touchant un personnage important, chacun, aussitôt, s'empresse d'indiquer du doigt la victime, laquelle, à son tour, et par représailles, montre le poing à l'auteur. Il faudrait, au gré de certaines gens, que l'écrivain, dans ses recherches locales, prît soin d'être neuf et amusant, mais en évitant, toutefois, de parler trop franchement du prochain, de la politique en général, et surtout de l'administration, en particulier, à moins que ce ne fût sous forme laudative. Mais est-ce toujours possible? et votre conscience, si vous en avez une, que vous dirait-elle? Enfin nous répéterons avec Jehan Meliot, auteur du XVe siècle :

> Celuy ne choisit pas qui glane.

Ces GLANES BEAUCERONNES n'ont constamment de rapports intimes qu'avec notre contrée. Notre horizon se trouve de la sorte assez étroitement circonscrit. Mais, nous laisserons clairement apercevoir, que le passé, grâce aux études spéciales et aux recherches d'histoire locale, auxquelles nous nous sommes particulièrement voués par goût, a conquis peut-être notre préférence; c'est ainsi que nous aimons à le mettre en regard des hommes et des choses de notre époque, si séduisants d'aspect, mais si petits ou si mesquins, aux yeux du penseur qui sait voir et apprécier, au fond, les uns et les autres, à leur juste valeur.

Ami lecteur, celui qui a l'honneur d'être votre concitoyen vous laisse l'entière liberté de le juger sévèrement, si vous le croyez coupable ou imbu de *fausses idées sociales. Ce qu'il a voulu, c'était de ne pas être un moraliste morose, ni un progressif ou un humanitaire de la nouvelle école (grands mots sonores de notre langage moderne, et qui sont plus creux que profonds). Notre unique but fut de vous distraire, et de vous convier à recueillir de toutes parts et à conserver précieusement, après les avoir consignés par écrit, les moindres faits historiques accomplis jadis, ou ceux qui se passeraient, à l'avenir, dans notre localité ou ses environs. Voilà notre seul désir et notre unique ambition.*

Cet humble recueil semble être destiné à devenir le patrimoine spécial des bibliophiles Beaucerons, puisque le tirage n'est fait qu'à quarante-cinq exemplaires! Assurément, cette modeste édition ne devra attirer à l'Auteur qu'une bien petite renommée, mais l'Éditeur, pour soutenir la sienne, en sa qualité de typographe, a cru devoir, pour ce motif, employer du papier de choix, et mettre en évidence son beau caractère..... d'imprimeur. Si, en publiant ce volume, il a chance d'acquérir quelque gloire, il peut-être assuré que bien mince sera son profit.

AD. LECOCQ.

Chartres, 3 janvier 1870.

GLANES BEAUCERONNES

PREMIÈRE GLANE.

UN ILLUSTRE CHARLATAN.

> « A beau mentir qui vient de loin. »
> *Proverbes populaires.*

Nous allons mettre sous les yeux du lecteur une pièce curieuse et laisser à son jugement le soin de décider si nous avons calomnié un illustre chirurgien-opérateur du temps passé, en l'appelant charlatan.

Nous avons entre les mains une de ses circulaires imprimées en placard, sans nom de lieu ni d'imprimeur: elle a de grandeur 37 centimètres sur 27. Ce prospectus servait de chemise à un dossier de pièces manuscrites locales, portant la date de 1691, et il

avait pour but, comme cela se pratique encore de nos jours, d'être distribué dans les
villes où ce disciple d'Esculape et de Saint-
Côme daignait s'arrêter, pour exercer sa
science et utiliser ses merveilleux secrets.

La circulaire *Lemaire*, tel est le nom du
savant qui nous occupe, est un chef-d'œuvre
de *boniment*, digne du siècle qui a vu fleurir
les *Tabarin*, *Gros-Thomas*, *Barry*, et autres
empiriques du Pont-Neuf, vendant à ce bon
peuple de Paris la santé, soit en poudres,
soit en flacons.

Si cet imprimé peut servir à prouver que
notre époque n'a guère progressé en fait de
réclame, il nous fait reconnaître encore, ce
que nous savions par la lecture d'anciens
livres, que les oreilles de nos pères étaient
de force à entendre certains mots que la morale actuelle ainsi que nos mœurs, plus
policées, dit-on, défendent d'imprimer.

Notre volume, par le petit nombre d'amateurs choisis auxquels il s'adresse ne nous
imposait pas la réserve qu'une première publication de cette pièce exigeait des lecteurs
du *Journal de Chartres*; aussi avons-nous
pensé devoir la reproduire avec toutes les
crudités d'expressions qui s'y trouvent.

PAR PERMISSION DU ROY :

ESSIEURS, Vous êtes aver-
tis que le fieur le MAIRE
Chirurgien Juré à Paris, eft
arrivé dans cette Ville, lequel
fait toutes les Operations
Chirurgiales aprés les grandes
preuves qu'il a données de fes Secrets & belles
Operations, la quantité de Certificats & Attes-
tations qu'il portent avec luy de trois cens
Villes par où il a paffé, & même il a la Lettre
du Roy Signé, LOUIS, & le grand Sceau,
Vous êtes avertis de cette verité, & on vous le
confirmera dans vôtre propre Ville. Premiere-

ment, il a chez luy des Secrets infallibles pour guerir les defcentes de Boyaux, autrement dit les personnes relaxées (1), foit au nombril ou la partie honteufe ou hernieufe fans tailler ny donner aucune medecine interieure, foit hommes, femmes ou enfans, lesquels ne laifferont pas de faire leurs voyages, & d'aller par eau & par terre, ou à cheval fans aucune incommodité, comme vous pouvez être affurez qu'il en a guery un grand nombre dans toutes fortes de Païs, comme en Flandre, Allemagne, Holande, Angleterre, Italie & dans la France, en vingt-quatre ans plus de douze cens perfonnes qui avoient des defcentes de Boyaux, tant hommes qu'enfans, même quand l'accident feroit gros comme la tête, ou qu'il fut defcendu depuis vingt ans : Dont Meffieurs, qu'un chacun fe faffe guerir de fa defcente ou relaxation pendant que vous avez en vôtre Ville ce fameux Operateur, il vous affeure que c'eft un Secret inconnu de tout le monde. On vous diroit les perfonnes qu'il a gueries où il a paffé, mais vous fçavez qu'un chacun ne veut pas être nommé. Et comme il trouve qu'il y a de cinq fortes de defcentes, defquelles il guerit

(1) Les hernies.

trois fortes fans tailler, les deux autres il faut
être taillez, defquelles il fait l'operation fort
habilement, sans rendre la perfonne impuiffante, ny fans qu'il perdent aucune goûte de
fang, ny même qu'ils gardent le lit d'avantage
que fix à fept jours : les perfonnes qui font trop
avancées en âge qui veulent feulement avoir
des Brayers (1), approchez-vous de luy, il vous
fervira fort-bien, car toutes fortes de Bandages
pour l'un & l'autre fexe, fans rendre la perfonne impuiffante.

II. Il a un fort beau Secret pour faire piffer
le fable des reins, & toutes les flegmes par un
divretique qui n'eft pas malaifé à prendre &
pour la pierre auffi.

III. Il a encore un Secret infaillible pour le
mal Caduc ou Epylepfie, encore que vous ayez
eû ce mal vingt ans, vous êtes affeurez d'être
gueris par la grace de Dieu. Il fait l'operation
de la Parafantesle (2).

IV. Il a un beau Secret pour guerir les Hy-
dropiques ou les perfonnes qui font enflées, il

(1) Autrefois on appelait ainsi les bandages pour
les hernies, attendu qu'ils se portaient sous les
braies ou culottes.

(2) L'opération de la *Paracentèse* est une ponc-
tion.

fait auſſi fauter les Ecroüelles, & les guerit en quatre femaines de temps.

Il a auſſi un beau fecret pour appaifer les goûtes promptement, mais pour les guerir il ne vous en parle pas, parce que

Tollere nodoſas noſcit Medicina prodagras.
Quando per longas invaluere moras.

Il eſt auſſi Oculifte, il abat la Cataraĉte fort fubtilement, & a une Eau pour les rougeurs des Yeux.

Il à encore un beau Secret pour le bruitment & tintement des oreilles : Il guerit auſſi fort bien les Fiévres tierces & quartes : Il reûnit fort bien le bec de Liévre, ou Leuvre autrement fenduës, tant doubles que fimples, & les guerit en cinq jours de temps : Il guerit auſſi la Teigne de la tefte en quinze jours : Il extirpe les Cancers et les guerit fort bien; Il donne auſſi un Emplâtre pour les douleurs et l'opilation de Ratte. Il guerit auſſi la diffenterie, & arrefte le flux de Sang en vingt-quatre-heures.

Il fait encore d'une forte d'Eau qui guerit toutes fortes d'Ulceres malines, & Louppes aux jambes fans aucun Onguent, & en peu de temps. Enfin pour les maladies de la groſſe Verolle. la Gonorée virulente ou Chaudepiſſe.

Bubons veneriens, autrement Poulains : Il fait
des Bougies pour manger la carnofité de la
Verge, et la guerit fort bien, & autres accidens
qu'il guerit avec une d'exterité fi furprenante
qu'à peine s'en apperçoit-on, & fans que le
malade foit obligé de garder le lict, ny pas
même la chambre, le tout en fort peu de temps.
Il arrache fort bien les dents gaftées, fait un
Opiat pour les conferver & entretenir blanches
et nettes : Il a auffi un beau fecret pour faire
guerir les Pasles-Couleurs des filles en fort peu
de temps, il vous affeure que font tous fecrets
particuliers qu'il a, & font infaillibles. Si vous
defirez de luy parler, vous prendrez s'il vous
plaift la peine de le venir trouver en la Ville
marquée à la fin du Billet avec le nom de la
maison; Addreffez-vous donc à luy librement,
vous verrez qu'il vous fatisfera en peu de paroles.

C'eft pourquoy vous ne devez pas laiffer
échapper l'occafion qui vous eft favorable, de
peur que vous ne la regretiez et recherchiez,
comme dit le Proverbe, *Aprés la mort le Me-
decin*.

MESSIEURS & DAMES, s'il y à quelques
perfonnes qui ayent quelques maladies invete-
rées ou abandonnées des autres Medecins, vous

pourrez vous addreſſer à luy, & il vous donnera
de fort bons Remedes pour vôtre guerison :
C'eſt pourquoy il vous exhorte à ne pas perdre
une ſi bonne occaſion puiſque vous l'avez dans
vôtre Ville, & qu'il n'eſt pas pour y demeurer
toute ſa vie, & qu'il ne fait que de paſſer, mais
s'il trouve quelque belle Cure, il demeurera
dans la Ville juſques à ce que les Malades ſoient
gueris et ſatisfaits : Vous ſerez auſſi advertis
qu'en ſon abſence ſa femme traite de toutes
ſortes de Maladies, principalement celles des
Femmes, Filles et Enfans. Il ſupplie les Per-
ſonnes auſquelles il a eû l'honneur de presenter
de ſes Billets, de prendre garde à la fin du Billet le nom de la Maison où il ſera logé, ſe trouvant quelque autre Operateur dans la même
Ville, il pourroit ſe ſervir de ſon nom pour s'attirer de la pratique : Il juge les Urines.

    Il eſt logé

Ici était indiqué, manuscrit, la maison où
l'hôtellerie où ce savantissime docteur était
descendu.

Ainsi vous avez dû remarquer que *Lemaire*
était un digne précurseur de ces empiriques
qui ornent l'intérieur des Vespasiennes de la
capitale, de leurs annonces immorales, et
que l'épouse du docteur étant mise dans la

confidence de tous ces secrets, pouvait le
suppléer en son absence, dans ses opérations
et consultations.

Je crains, pour l'honneur de notre province
Chartraine, que le savant homme n'ait été
un de nos concitoyens (1). Ma crainte a pour
fondement une note tirée d'un manuscrit de
la Bibliothèque de Chartres (2), où il est dit :

« Le 13 janvier 1696. Entre les maîtres chi-
» rurgiens de la ville de Bonneval, deman-
» deurs, par exploit dudit jour & dudit mois,
» controllé ledit jour. Contre Jacques *Lemaire*
» *opérateur et chirurgien*, au bourg de Bre-
» zolles (3); vu les provifions accordées par Sa
» Majefté audit *Lemaire*, *d'opérateur*, fignées
» Louis & plus bas Phelippaux, du 26 juillet
» 1662; ouy le procureur fifcal en fes conclu-
» fions, avons fait deffenfes audit Lemaire,
» de faire aucunes fonctions de chirurgien en
» cette ville et lieux circonvoifins, à peine de

(1) Voyez l'*Astrologue de la Beauce et du Perche*,
année 1862, p. 123; — et *Empiriques, Somnambules
et Rebouteurs Beaucerons*. (Chartres, Petrot-Garnier, 1862), petit in-8°.

(2) 7/G n° 170, fol. 330.

(3) Chef-lieu de canton, arrondissement de Dreux
(Eure-et-Loir).

» 25 livres d'amende , & permis fa fonction
» d'opérateur pendant un mois; Et lui avons
» fait deffenfe de faire farces ni divertiffemens,
» pendant le fervice divin, fur les peines des
» ordonnances; et s'exécutera nonobftant l'ap-
» pel, sagiffant du fait de police.

» Signé DAGUET. »

En présence de cette sentence rendue en
la Prévôté de Bonneval (Eure-et-Loir), on
pourrait quasi-affirmer, attendu la corréla-
tion des dates existant entre la publication
du placard et celle de cette sentence; entre
la conformité de nom ainsi que celle de la
profession, que l'illustre *Lemaire,* possesseur
de si beaux secrets, et que l'on pourrait sur-
nommer le Bienfaiteur de l'humanité souf-
frante, est un enfant du pays Chartrain; que
son nom, sa renommée ainsi que sa circulaire, sont dignes de vivre *ad vitam eternam.*

Trop heureux serions-nous, d'avoir découvert une nouvelle illustration médicale beauceronne, ou peut-être avons-nous été malavi-
sé d'avoir fait de la réclame et des recherches
pour un charlatan ! Pour un empirique qui
a parcouru trois cents villes et visité toute
l'Europe, qui, avec son habileté peu com-

mune, a guéri *douze cens personnes qui avoient
des descentes de Boyaux !* qui savait si bien
faire sauter les Ecroüelles, et était sans pareil
pour *abattre la Cataracte fort subtilement !!!*
C'est désolant pour l'humanité que ce digne
descendant d'Hippocrate se soit laissé mourir,
ayant de si beaux secrets à sa disposition. Le
proverbe a dit avec raison : *Les bons s'en vont.*
Et Michel Morin répétait toujours cet axiome :
« *Omnis mortes,* mes frères. »

5 décembre 1863.

A-PROPOS

sur

COLLIN-D'HARLEVILLE.

« Le style c'est l'homme. » (1)
BUFFON.

Le poète beauceron Collin-Harleville (Jean-
François) (2), naquit dans la petite ville de

(1) Cette épigraphe trouve son application aussi
bien pour le poète qui nous occupe que pour celui
qui l'a si outrageusement critiqué.

(2) Il signa d'abord *Collin*, puis ensuite *Collin-
Harleville*, voyez tome IV, édition de 1828, il y a

Maintenon, le 30 mai 1755 (1) ; il est décédé à Paris, membre de l'Institut, le 24 février 1806. Afin de perpétuer la mémoire de ce littérateur aussi modeste que bon, ses concitoyens ont eu l'heureuse idée d'élever sur l'une des places de sa ville natale et par souscription, un petit monument orné du buste du poëte ; l'idée est bonne et doit fructifier.

Notre intention n'est pas d'écrire ici la biographie de Collin-Harleville, cette tâche a été accomplie par son ami Andrieux (2), aucun des ouvrages biographiques n'a omis le nom de cette illustration de province. Si nous lui consacrons quelques lignes, c'est pour faire remarquer à nos concitoyens comment certains critiques et littérateurs de nos jours qualifient et dénigrent nos poëtes français de second ordre.

deux fac-simile de son écriture. Dans la Société on le distinguait de ses autres frères, en l'appelant *Monsieur Harleville*.

(1) *Collin* (Edme-Martin), avocat, fils de *Collin* (Martin), ingénieur du roi, demeurant à Maintenon, qui avait épousé le 19 février 1748, Mlle *Artérier*, fille de *Artérier* (Martin), marchand drapier à Chartres, paroisse Saint-Aignan, était son père.

(2) Voyez la notice placée en tête de l'édition de 1821 et à la fin du tome IV de celle de 1828.

Le *Vieux Célibataire*, comédie en vers, est regardé, à juste titre, comme le chef-d'œuvre dramatique de notre poète : donnée pour la première fois, le 24 février 1792, sur la scène du Théâtre-Français, cette pièce obtint un grand et légitime succès; reprise fréquemment au même théâtre, où elle est restée au répertoire, elle fut encore représentée au mois de juin 1859 : cette reprise donna occasion à plusieurs de MM. les feuilletonistes du lundi de crier *Haro !* sur la pièce du *Vieux Célibataire*. Voici en quels termes M. Paul de Saint-Victor, dans son compterendu du journal *la Presse*, s'exprimait à ce sujet :

« Le *Vieux Célibataire* ! Etait-il bien né-
» cessaire de remettre au jour cette comédie
» puérile et sénile, sortie de l'étroit cervelet
» du bon Collin-d'Harleville? Elle dormait
» si bien, elle avait si bien gagné son som-
» meil ! Après tant de tableaux énergiques
» et vrais de la vie privée, qui peut s'inté-
» resser aujourd'hui à ce blafard intérieur
» habité par de sottes figures, où l'ennui
» suinte, où le lieu commun tisse sa toile
» filandreuse, où des vers incolores et fades
» tombent à petit bruit, quatre heures du-

» rant, sur des rimes banales comme des
» pavés? Qui ne préférerait l'exécrable à ce
» médiocre, le mauvais goût le plus effréné
» à cette élégance douteuse, à ce béotisme
» douceâtre, à ce style plat et ratissé, que
» limitent des idées mesquines à la façon de
» murs mitoyens?

» Les personnages sont d'une espèce trop in-
» fime pour que l'esprit s'y intéresse un ins-
» tant. Le bonhomme Dubriage a bien fait,
» quoi qu'il en dise, de rester garçon : il a
» le joug, il aurait eu les cornes. La faibles-
» se, à ce degré d'inertie, touche de près
» l'infirmité. Ce vieux commerçant qui se
» laisse voler par un goujat d'intendant, ce
» célibataire, régenté par sa gouvernante,
» que le bonheur conjugal de son portier
» plonge dans une niaise extase, cet oncle
» qui déteste son neveu sans savoir pour-
» quoi, et qui répète machinalement des ma-
» lédictions serinées: trois têtes d'idiots sous
» la même perruque.....

» La comédie entière ressemble d'ailleurs
» à son principal personnage, elle en a l'al-
» lure cacochyme et la sénilité débonnaire,
» elle abonde en attendrissements imbéciles,
» en maximes sages comme des images, en

» homélies larmoyantes ; son sourire est ce-
» lui des grands papas d'étrennes et de ber-
» quinades. Les méchants mêmes de la pièce
» sont aussi bonasses que ses gens vertueux;
» ils ressemblent à des enfants qui font la
» grosse voix.

» Ajoutez à l'insipidité de la fable et des
» personnages, cette prose versifiée de la co-
» médie bourgeoise, auprès de laquelle la
» langue de l'algèbre paraît poétique. Pas
» un angle, pas une saillie, dans ce langage
» flasque et faux, qui rappelle le ton de con-
» vention des épîtres. Les vers marchent sur
» leurs douze pieds plats, endimanchés de
» gauches périphrases, enjolivés des fleurs les
» plus communes de la rhétorique. Tous ces
» gens là parlent comme des académiciens
» de province, le portier lui-même a l'air
» de tirer le cordon du *Temple du Goût* (1). »
J'en ai passé et des meilleurs.

Voici ce que l'on peut regarder comme un
spécimen de la critique théâtrale moderne :
quelle beauté de style, que de mots choisis
et pittoresques! Nos arrière-neveux devront
être saisis d'admiration lorsqu'ils liront ces

(1) Feuilleton de *la Presse* du 19 juin 1859.

pages de haute critique que notre époque
aura vues éclore. Andrieux, dans sa notice
sur le *Vieux Célibataire,* nous apprend que
cette pièce fut composée en douze jours !!!
Peut-être me répondrez-vous comme Alceste
du *Misanthrope :*

« Voyons, Monsieur, le temps ne fait rien à l'affaire. »

Jusqu'alors tous les biographes et les aristarques littéraires, avaient reconnu dans les
œuvres de Collin-Harleville, diverses qualités actuellement trop dédaignées. Voici comment un de ses condisciples, dans une notice sur la vie du poète, apprécie son talent :
« La douceur, le moelleux, l'harmonie de la
» versification, la pureté morale y dominent
» et une teinte de sensibilité y est répandue
» avec profusion, aucun de ses écrits ne
» blesse les personnes, les mœurs et la mo-
» rale. Peut-être ce trait manquera à beau-
» coup d'autres (1). » Et c'est avec raison que
l'on a pu le comparer à Térence, et qu'il fut
appelé pour sa naïveté, le Lafontaine du
théâtre.

(1) *Feuille de Chartres,* 13 mars 1806, article signé *Hérisson* fils.

Il est à croire que, pour les palais habitués à se désaltérer avec des vins de Rancio ou de Porto, ceux d'Irancy ou de Beaune doivent être estimés bien fades et bien plats; je reconnais que les personnes qui tombent en admiration devant certaines pièces modernes et proclament comme chefs-d'œuvre de savoir et de goût, *Vautrin*, *Marion Delorme*, *la Dame aux Camélias*, *les Filles de Marbre*, et autres productions de la même école, doivent avoir en horreur tout le répertoire théâtral du XVIIIe siècle, et qu'alors *Lesage*, *Marivaux*, *Sedaine*, *Destouches*, etc., peuvent leur paraître de bien piètres auteurs.

Il semblerait également que le critique de *la Presse* (qui trouve d'ailleurs plus facile et moins dangereux de frapper un mort qu'un vivant), aurait cru avoir mal accompli son devoir en restant au-dessous de l'appréciation sévère que Palissot de Montenoy avait faite de Collin-Harleville, dans ses *Mémoires littéraires*, où il dit: « Le ton doucereux, le ton » sentimental et quelquefois un peu niais, « qui est le ton dominant de presque tous » les ouvrages de Collin-d'Harleville, l'ab- » sence totale de sel et l'insipidité qui les

» caractérisent, prouvent qu'il n'était pas né
» pour la poésie (1). »

Il serait intéressant de connaître l'avis de
M. P. de Saint-Victor, sur les poètes dramatiques nés au pays chartrain. Le naïf *Remy
Belleau*, avec sa pièce de *la Reconnue*, lui pa-
raîtrait bien fade, *Boissin*, de Gallardon, avec
ses tragédies chrétiennes, bien ennuyeux,
puis *Rotrou*, *d'Allainval*, *Panard*, *Colardeau*,
Guillard, etc., de bien petits auteurs ! Que de
bons motifs de feuilletons à écrire en style
de Bohême, et pour employer une expression
énergiquement pittoresque, quels bons sujets d'*éreintements*, si quelques-unes de leurs
pièces venaient à être reprises au théâtre. Il
serait peut-être aussi curieux de connaître
l'opinion du critique sur nos auteurs dramatiques chartrains contemporains. L'auteur

(1) *Paris*, *Gérard*, 1803, 2 vol.; mais voici comment *Quérard*, dans la *France littéraire*, juge à
son tour les Mémoires de Palissot.

« Ouvrage superficiel et qui semble n'avoir été
écrit que pour y déposer toute l'âcreté de la haine
de l'auteur et sa basse envie contre les écrivains
français contemporains. Critique sans pudeur et
sans conscience, il contient tantôt des éloges, tantôt des injures, suivant qu'il avait à se louer ou
à se plaindre d'eux. »

de *Fabio* et de la *Juive de Constantine*, recevrait assurément quelques camouflets. Celui de *Mathurin Regnier*, du *Juif de Venise*, des *Fugitifs*, etc., a dû sentir les lanières de son martinet, et l'auteur de l'*Usurier de Village* doit se tenir sur ses gardes.

Si la critique était toujours ainsi pratiquée, au lieu d'être l'amie utile et nécessaire de la littérature, elle en serait le fléau. Tout le monde sait que la littérature bohémienne a des formes de phrases à son usage, ainsi qu'un dialecte particulier. Elle regarde avec dédain les auteurs classiques qui furent la gloire du XVIIe siècle ; ses adeptes consentent volontiers à ce que l'on conserve les œuvres de *Corneille* et de *Racine* dans le Musée des Antiques, afin que nos descendants puissent voir à quoi leurs ancêtres amusaient leurs loisirs. Mais quant aux œuvres d'auteurs tels que *Chénier, Laharpe, Ducis, Lebrun, Arnault*, etc., etc., ils estiment qu'elles doivent être, sans pitié aucune, reléguées chez l'épicier pour y finir leurs jours.

Nous acceptons de grand cœur la conclusion de M. H. Lucas, au sujet des pièces modernes et de leur style.

« Qu'on ne nous montre plus avec leurs

» haillons, des échappés de nos bagnes, dont
» l'aspect seul fait frissonner le cœur et dont
» l'ignoble argot épouvante les oreilles , qu'on
» ne suspende plus sur la tête du spectateur,
» en quelque sorte le hideux couteau avec le-
» quel ils égorgent leurs victimes.... Mais
» nous ne saurions trop nous élever contre
» l'absence des principes sociaux et de sens
» moral qui déprave quelques-unes de nos
» pièces modernes; elles sont un sarcasme
» contre la probité et la raison, une amère
» raillerie jetée à la conscience humaine, en
» un mot une protestation du mal contre le
» bien... (1). »

Chartres a toujours regardé Collin-Harleville comme un de ses enfants, puisque du côté maternel une nombreuse parenté le liait à cette ville dont une des voies publiques porte le nom du poète. Lors de ses débuts poétiques et pendant qu'il exerça à Chartres la profession d'avocat, ses vers étaient recherchés et chacun les possédait manuscrits. L'*Alma-nach des Muses*, modeste recueil du temps passé, renferme ses essais; dans celui de l'an-

____

(1) *Hist. philosoph. et litt. du Théâtre-Français*, ch. XXI.

née 1782, quatre pièces y figurent; la plus
jolie : *Les Aventures de Thalie*, lui attira des
éloges les plus flatteurs, mais il eut aussi
comme de nos jours d'obscurs et méprisables
détracteurs (1). Sa comédie l'*Inconstant*, qui
avait été représentée à Paris le 13 juin 1786,
fut jouée sur le théâtre de Chartres, au mois
de février suivant. Elle eut trois représenta-
tions consécutives (ce qui est prodigieux en
province, même de nos jours), l'enthousiasme fut grand parmi les Chartrains. A cette
occasion des couplets ont été composés, puis
chantés sur la scène; c'était un hommage
rendu à Collin-Harleville ainsi qu'aux autres
poètes dramatiques beaucerons. Voici un des
couplets :

> Dans ce pays que l'Eure arrose,
> Thalie au front du gai *Panard*,
> Plaça le laurier et la rose ;
> Melpomène inspira *Guillard*,
> *Dudoyer* est fêté des Grâces
> Et qui n'applaudiroit *Collin*,
> Lorsqu'à grands pas il suit les traces
> De Térence et de Poquelin !

(1) Pour : *Année litt.* n° 1, 1782. *Merc. de France*,
2 février 1782, p. 26. *Journal encyclopédique*. Contre : *Journal de Monsieur*, , n° 36 de 1781.

Voici l'opinion de Diderot sur cette première comédie du poète beauceron : « Il y a
» là-dedans beaucoup de talent, les vers sont
» faciles et bien tournés, mais l'action est
» faible ; *c'est une pelure d'oignon brodée en*
» *paillettes d'or et d'argent.* » Ceci est une critique vraie mais honnête.

Laissant de côté l'opinion et les critiques
erronées de ces Aristarques de la littérature,
nous pensons que les concitoyens de Collin-
Harleville remplissent un devoir en élevant
un monument à la mémoire d'un de leurs
compatriotes. C'est une dette de reconnaissance que chaque localité qui a vu naître dans
ses murs une illustration, devrait s'empresser
de payer dans la mesure de ses ressources.
Nous n'avons nul doute que leur appel ne
soit entendu, car quiconque aime la poésie
suave et estime les œuvres morales, s'empres-
sera de déposer son obole pour aider à mener à bonne fin l'érection du modeste monument que la ville de Maintenon veut édifier
à la gloire d'un des siens.

Nous aimons à croire que la *Société Archéologique d'Eure-et-Loir,* qui s'occupe également
de littérature, et qui renferme dans son sein
un grand nombre de gens de goût, apportera

à cette œuvre son influence morale et pécu-
niaire. Enfin, à tous ceux qui voudront encore à l'avenir, par esprit de coterie ou de
dénigrement, ternir la réputation justement
acquise de Collin-Harleville, il suffira de répondre que ses œuvres, et à la suite de longues années, eurent l'honneur de plusieurs
éditions, et que certaines de ses pièces sont
restées au répertoire du Théâtre-Français.

2 janvier 1864.

UN PARRAIN D'AUTREFOIS

ET

Une Marraine d'aujourd'hui.

> On connaît les grandes gens
> à leurs grands dépens.
> *Dicton populaire.*

Dans les premiers siècles du Christianisme, lors de la primitive église, on n'administrait le baptême qu'aux adultes , et ils étaient plongés nus dans la cuve baptismale. Les jeunes gens, dans cette cérémonie de régénération spirituelle, n'étaient accompagnés que d'un homme qui leur imposait un nom, et également les filles n'avaient qu'une marraine. Plus tard, l'église accorda, pour les enfants nouveau-nés, la permission de leur donner tel nombre de parrains et marraines que les parents pouvaient souhaiter. En France, et jusqu'au XVIIe siècle, il était d'usage de donner deux parrains et une marraine, si c'était un garçon , et deux marraines et un parrain, si c'était une fille.

Dans le diocèse de Chartres, un Mandement fait en 1609, par l'évêque Philippes Hurault, prescrivit qu'à l'avenir, il n'y aurait plus pour chaque enfant des deux sexes , qu'un seul parrain et une seule marraine. Les siècles passent, les usages varient et les mœurs se transforment.

Lorsqu'on compulse les registres d'état-civil de nos anciennes paroisses beauceronnes, on est surpris du grand nombre d'enfants dont chaque mariage devait accroître la famille. D'après nos recherches, ce nombre varie de cinq à douze enfants par ménage !!! Il est juste de dire. également que certaines maladies épidémiques, telles que la coqueluche , la petite-vérole , etc., enlevaient assez fréquemment, et en quelques mois, un sixième de cette jeune progéniture.

Heureusement aussi qu'à cette époque, les charges des parrains et des marraines étaient moins onéreuses que de nos jours, car s'il en eût été ainsi, beaucoup auraient probablement décliné un pareil fardeau.

Il y a seulement quarante ans, dans les campagnes et même dans les petites villes, rien n'était plus simple et moins dispendieux que les frais attachés au titre de compère et de commère. Le parrain, même parmi les gens aisés, n'avait d'autre charge que celle. d'acheter trois livres de dragées (et souvent de quelle qualité ?), un bouquet artificiel et une paire de gants pour sa commère ; celle-ci était obligée de confectionner pour le nouveau-né, le bonnet qui devait servir à l'enfant pour la cérémonie du baptême. Dans quelques localités il était d'usage que le cierge fût payé par le parrain si le nouveau-né était un garçon , et par la marraine si c'était une fille. Puis il était encore question d'aviser à la rémunération d'usage pour les serviteurs de l'église.

Dans les villages, lorsque c'était l'enfant d'un membre de l'administration municipale qui recevait le baptême ou celui d'un riche fermier, il fallait que le parrain fît quelques

largesses en faveur de la population, attendu que la cloche ne cessait de carillonner
avant, pendant et après la cérémonie. Dans
la circonstance, le cortége était assailli, depuis le domicile du père jusqu'à l'église, de
détonations soudaines et bruyantes d'armes
à feu, à l'aller comme au retour. Toute la
jeunesse était en liesse et toutes les femmes
de la paroisse formaient une haie compacte
auprès du porche de l'église. C'était un spectacle curieux de voir, après la cérémonie
religieuse, le parrain ainsi que la marraine
jeter aux *bambins* de l'endroit ainsi qu'aux
autres assistants , des poignées de dragées
et quelques pincées de menue monnaie où
les liards dominaient; quiconque usait d'une
pareille générosité était signalé, voilà ce
qu'on appelait un baptême de bon ton, on
chantait les louanges du compère, tout en
souhaitant de voir s'accroître indéfiniment
la famille du notable de la paroisse. Lorsqu'on était arrivé au domicile de l'enfant,
et après la dernière explosion des armes à
feu, il y avait encore à débourser un *écu de
six livres* aux garçons, pour payer leur poudre et fournir un pour-boire à la santé et à
l'heureuse prospérité du nouveau-né.

Car un baptême
Est une fête
Pour des parents, pour des amis.

Il nous souvient d'avoir, il y a environ trente ans, assisté dans la commune de Ch... aux environs de Chartres, à la cérémonie du baptême d'un enfant notable, c'était celui de M. l'adjoint au maire. Il y avait foule, les abords du cimetière pouvaient à peine contenir cette population bruyante. Tout à coup le cortége sort de l'église et la distribution des dragées faite à toute volée commence ; mais le parrain, d'une nature peu généreuse, et sans doute par motif d'économie, avait imprudemment mélangé avec ses dragées une notable portion de haricots blancs de Soissons, et comme monnaie seulement des liards !!! Les gamins ne s'étaient pas plus tôt aperçus de la fraude, que des huées, des imprécations de toute nature pleuvaient sur l'imprudent. Les commères qualifiaient à haute voix par des jurons énergiques, une telle conduite. Les gamins étaient outrés, aussi firent-ils une conduite des plus actives et à coups de pierres au parrain qui, par une ladrerie sans exemple, les avait mystifiés. Des menaces de poursuites judiciaires eurent lieu, mais les sages du village firent comprendre que les délinquants étaient presque dans leur droit.

Toutes ces coutumes se perdent de jour en jour. L'autorité ayant interdit et avec raison, à cause des fréquents accidents qui en résultaient, de faire emploi d'armes à feu aux mariages ainsi qu'aux baptêmes, puis les liards ayant été démonétisés furent encore une cause pour anéantir ces usages du passé.

M. de Jouy nous a laissé sur le sujet qui nous occupe, une bonne page d'étude de mœurs, dans un article intitulé : LE PARRAIN (1) ; là il nous décrit toutes les tribulations ainsi que les frais qu'occasionnait cet honneur en 1811, il dit : « Il faut *pour la marraine*, une corbeille de baptême de 80 fr. six douzaines de paires de gants superfins assortis, deux éventails, l'un brodé en acier, l'autre en écaille blonde à lorgnette ; un bouquet de fleurs artificielles ; quelques sachets ; deux flacons d'essence de rose ; un collier de pastilles du sérail. *Pour l'accou-*

(1) *L'Hermite de la Chaussée-d'Antin,* n° 111, 31 août 1811.

chée : une veilleuse de vermeil et une jatte en porcelaine. *Pour la garde :* une garniture de bonnet en Valenciennes. *Pour la nourrice :* un schall en mérinos. *Pour le nouveau-né :* un hochet d'enfant, de 8 à 10 louis. Puis un cierge au curé, une offrande au vicaire, des dragées aux clercs, un pour-boire au bedeau, au suisse et au sonneur. Puis tous les bonbons indispensables sortant de chez *Berthelle-mot* (c'était le *Siraudin* de l'époque). Le total de la dépense se trouva soldé par la somme de 2,375 fr. 20 c. !!! »

Eh bien ! Voulez-vous savoir ce que peut coûter le titre de marraine dans la grande société en l'an de grâce 1864. Voici le dénombrement des objets indispensables et que l'on trouve décrits dans la *Vie Parisienne* (1) : « 48 couches de toile fine, — 6 langes piqués, — 2 garnis, 4 langes molleton de laine, — 6 taies d'oreillers en toile fine et garnies, — 2 couvertures de laine, — 1 couvre-pieds piqué à la main, — 24 béguins batiste garnis, pour trois âges, 18 piqués et garnis, — 12 bonnets de nuit assortis, — 12 bonnets riches, — 24 chemises garnies, de

(1) *L'Illustration*, n° 1,090, 16 janvier 1864, p. 35.

trois grandeurs, — 18 jolies brassières de trois grandeurs, —16 bavoirs riches,—4 couvre-langes garnis, — 4 robes longues variées, — 2 tabliers garnis, — 1 pelisse piquée, garnie de bandes - brodées, — 1 capeline en piqué, — 6 paires de chaussons en piqué et en cachemire, — 1 robe de baptême, —1 pelisse en cachemire, piquée de taffetas blanc, — 1 capeline en cachemire, — 1 bonnet de baptême tout dentelle!!! »

Après un pareil dénombrement, la plume me tombe des mains et le courage me fait défaut pour récapituler à quelle somme peut se monter la dépense d'un pareil cadeau. Quelle doit être la position d'un parrain en présence d'une commère aussi généreuse? Je remets la solution au jugement du lecteur.

27 janvier 1864.

LOUIS XIII ET LA REINE ANNE D'AUTRICHE

à Chartres, en 1619.

> « Tout bienfait, avec lui, porte sa
> récompense. »
>
> FAVART.

Heureux ceux qui peuvent soulager l'infortune en se procurant du plaisir ! c'est là une double jouissance. Notre ville vient de voir pour la seconde fois, dans ses murs, une magnifique Cavalcade historique. Le sujet choisi était *l'Entrée de Louis XIII et de la reine Anne d'Autriche à Chartres*. Il y aurait ingratitude à ne pas tenir compte des difficultés de toutes sortes que ne manquent jamais d'éprouver les personnes qui, par un zèle

louable, mettent au service du public leur
temps et leur bourse, et à reprocher les quelques anachronismes de costumes ou certaines modifications de parcours introduites
dans la représentation de la grande solennité qui eut lieu à Chartres, le jeudi 26 septembre 1619. Notre tâche est seulement de
décrire le passé, laissant à d'autres le soin
de faire le récit détaillé de la fête de bienfaisance qui vient de s'accomplir.

A l'occasion de l'entrée précédente du même roi Louis XIII et de la reine Marie de
Médicis sa mère, le 12 septembre 1614, *cent
quinze prisonniers* furent graciés et mis hors
des prisons de Chartres, et en 1619, quelques
détenus pour dettes et des Collecteurs des
Tailles, incarcérés pour malversations furent
également rendus à la liberté. Le roi de notre
cavalcade n'avait pas de pouvoirs assez éten-
dus pour faire élargir aucun des détenus,
aussi s'est-il contenté de passer, sans la moindre préoccupation, devant les murs de notre prison départementale.

En 1619, par une missive datée d'Amboise
du 20 septembre, le roi demandait aux échevins de Chartres, tant pour lui que pour la
reine qui l'accompagnait, une réception des

plus modestes, « joint, dit-il, que nous ai-
» mons mieux que vous vous employiez à
» vos affaires domestiques, où la saison des
» vendanges vous appelle. » (Elles étaient
fixées au 27 septembre).

Pour satisfaire au goût du public, il a fallu
sacrifier la vérité historique des détails, surtout en ce qui concerne la musique du cortége royal. Au lieu des quelques tambours,
fifres et trompettes, qui auraient dû y figurer, la musique du 1er régiment de Chas-
seurs, avec ses instruments modernes de
Sax, remplaçait avec avantage, sans doute,
sous le rapport de l'harmonie le fifre et le
tambour, mais cette innovation altérait un
peu la physionomie de l'époque qu'on cherchait à ressusciter.

Une relation de l'entrée de Louis XIII et de
la reine Anne en 1619, fut imprimée à cette
date (1). Cette pièce est rarissime. Nous
croyons faire plaisir aux amateurs en la reproduisant, mais nous avons ajourné cette
publication jusqu'après la cavalcade, afin

---

(1) (Paris, J. Chemin, 1619) in-8°. — Voy. *Le Cérémonial françois,* par T. Godefroy. (Paris, Cramoisy, 1649), in-fol. t. 1, p. 981.

de ne pas nuire à l'illusion que cette représentation historique avait pour but de produire.

LA ROYALE ENTRE'E DV ROY, ET DE

LA REYNE EN LA VILLE DE CHARTRES :

*Auec les magnificences et Ceremonies qui s'y
font obferuées le Ieudy 26. Septembre 1619.*

« Les Empereurs Romains aprés auoir ga-
» gné plusieurs batailles, et signalées vic-
» toires, lors qu'il estoit question de faire
» leurs Entrées dans Rome, ils se faisoient
» traisner en des superbes et riches chariots,
» traisner quelquefois par des lions, demons-
» trans qu'ils dominoient toute force telle
» qu'elle puisse estre, le plus souuent par
» des beaux et vifs cheuaux blancs, l'on ab-
» batoit vne partie des murailles de la Ville
» selon l'ancienne coustume, et entroient en
» ladite ville de Rome, vestus de pourpre
» toute semée d'estoiles d'or, portans sur
» leurs chefs les Couronnes des Royaumes
» qu'ils auoient gagnées, et se faisoient por-
» ter deuant eux plusieurs emblesmes et de-
» uises; leurs Chars estoient suiuis des Roys

» et Princes qu'ils auoient surmontez : et
» tandis qu'ils passoient par les ruës, l'on ne
» voyoit de tous costez que des victimes oc-
» cises, du saffran répandu, des oiseaux las-
» chez deuant eux, et des rubans épars de
» tous costez ; les lieux par où ils deuoient
» passer estoient de cent à cent pas ornez de
» diuers portaux triomphans de diuerses fa-
» çons et sculptures : Voila à peu prés quelle
» estoit la façon des Entrées des Empereurs
» Romains. Mais en voicy vne autre, non des
» Empereurs Romains, mais de l'vn des victo-
» rieux Roys et plus iustes de la Chrestienté,
» scauoir le Roy Louys XIII et la Reyne son
» épouse ; lequel après auoir rendu le calme
» au Royaume, des troubles qui sembloient
» s'y emouvoir, par sa prudence et l'heureuse
» conduite de son bon Conseil, estant party
» de son Chasteau de Sainct-Germain-en-Laye
» avec la Reyne sadite épouse, pour s'ache-
» miner auec toute sa Cour vers la Prouince
» de Touraine, et attendant de iour à autre
» la Reyne sa Mère, qui peu de temps aupa-
» rauant estoit partie sans le sceu de Sa
» Majesté du Chasteau de Blois, pour s'ache-
» miner vers le pays d'Angoumois ; et sça-
» chant quelle étoit la volonté de ladite

» Reyne sa Mere, et le desir qu'elle auoit de
» partir dudit pays d'Angoumois, pour ve-
» nir trouuer leurs Maiestez en la Ville de
» Tours, afin de les voir et communiquer
» amiablement, comme de mere à fils, et de
» fils à mere, et pareillement y receuoir les
» doux embrassemens des vns et des autres.
» La Reyne Mere, estant donc arriuée en
» la Ville de Tours, au commencement du
» mois de Septembre, il y eut tant de ioye
» entre leurs Maiestez d'vn si heureux ac-
» cord et amiable reconciliation, qu'à cet
» effet pour rendre graces à Dieu, le Roy fit
» choix de l'Eglise de Nostre-Dame de Char-
» tres, tant pour la piété et deuotion qu'ont
» eu par cy-deuant les Roys de France, ses
» deuanciers, en ce Temple, qu'aussi pour la
» grande renommée qu'il a d'antiquité par
» tous les coins du monde; en partie aussi
» pour faire voir ladite ville de Chartres, et
» iceluy Temple à la Reyne son épouse qui
» n'y auoit encore esté. Monsieur de la Frette
» lors Gouuerneur de ladite Ville de Chartres,
» ayant eu aduis avec les Escheuins de cette
» Ville, et particulierement l'Euesque, quel-
» le estoit la volonté de leurs Maiestez, se
» mirent en deuoir de donner ordre à tout

» ce qui estoit necessaire pour receuoir le
» plus dignement qu'ils pourroient leurs di-
» tes Maiestez en leur Ville. A ce suiet l'on
» donna ordre de faire venir des Peintres des
» Villes d'alentour, pour expédier les ta-
» bleaux et deuises qu'ils désiroient repré-
» senter à ladite entrée.

» L'on fit pareillement orner la porte des
» Espars (par laquelle deuoit entrer leurs
» dites Majestez) de charpenterie pour y po-
» ser lesdits tableaux et deuises.

» L'on fit semblablement mener quelques
» pièces de canon, et quantité de boettes, sur
» le bouleuart qui est contre icelle porte des
» Espars.

» Les six Capitaines et Lieutenans de la-
» dite Ville, firent aduertir les habitans qui
» sont de leurs Compagnies de tenir leurs
» armes prestes et nettes, et pareillement de
» s'accommoder le mieux qu'il leur seroit pos-
» sible pour le iour de l'Entrée de leurs di-
» tes Maiestez, qu'il leur falloit aller tous
» au-deuant, à ce que lesdits habitans ne
» fussent paresseux en cette affaire. Sur
» quoy chacun en particulier, à l'enuy l'un
» de l'autre, s'accommoda brauement de tout
» ce qui luy estoit necessaire ; mesme l'on

» deuoit amener en ladite ville de Chartres
» trois chariots de belles armures, tant pic-
» ques, corselets, que mousquets, que pres-
» toit pour ladite Entrée le Marquis d'Aluye,
» qui a un Chasteau proche ladite Ville, et
» là où mesme l'on tenoit que sa Maiesté
» deuoit aller passer quelque temps, et s'y
» recreer, pour estre l'vn des beaux lieux et
» plus agreables seiours qui soient à l'entour.
» Pendant cecy, ladite Ville depute quel-
» ques vns de leurs Escheuins pour aller
» trouuer le Roy, et la Reyne son épouse,
» pour sçauoir de leurs Maiestez quelles es-
» toient leurs volontez et comme elles dési-
» roient leur Entrée, en partie à cause que
» ladite Ville n'auoit encore iusqu'à present
» esté honnorée de la personne de la Reyne
» son épouse. Leurs Maiestez ne desirans
» souffrir que ladite Ville et les habitans d'i-
» celle, fissent au suiet de leur Entrée en la
» dite Ville, aucuns frais ny dépens, défen-
» dirent absolument ausdits Escheuins de ne
» se mettre en aucune coustange, et ne faire
» pour elles aucune dépense à ce sujet, ne vou-
» lant auoir aucune Entrée, ny Ceremonie
» extraordinaire, se contentans seulement
de leurs bonnes affections ; et qu'elles n'y

» vouloient entrer en magnificence ; ains
» comme Pelerins qui n'y vont que pour dé-
» uotion.

» Donc le iour de l'Entrée estant venu, le
» dit sieur de la Frette, Gouuerneur, assisté
» de quantité de Noblesse du pays, partit le
» matin pour aller au deuant de Leurs Ma-
» iestez et leur asseurer de l'extreme con-
» tentement que ressentoit en soy la Ville,
» de pouuoir posseder la presence si chere
» d'vn si grand Roy. Leurs Maiestez appro-
» chans d'vne demy lieuë près de la Ville,
» furent salüées du tonnerré d'un nombre
» de canons, et de plusieurs boettes, qui
» pour cet effet auoient été posées sur ledit
» bouleuart, lequel est contre la porte des
» Espars. Estans arriuées leurs dites Maies-
» téz à icelle porte, elles s'y arresterent pour
» recevoir les harangues de Messieurs de la
» Ville, qui là estoient assemblez en fort hon-
» neste équipage, et qui en toute humilité pré-
» senterent à leurs dites Maiestez, auec vne
» generale allegresse les clefs, tant de leur
» Ville que de leurs cœurs, pour en disposer
» entierement selon le pouuoir absolu qu'el-
» les auoient sur eux, lesquelles le Roy
» neantmoins d'vn œil plein de douceur,

» ne voulut prendre, tres-content en soy
» mesme d'auoir cogneu l'humble fidelité,
» le respect, et le deuoir que luy rendoient
» ses fideles habitans, les asseurant aussi de
» ses graces particulieres, et bien-veillance
» de sa part.

» Lesdits sieurs Escheuins de la Ville pre-
» senterent pareillement à leurs Maiestez
» deux poisles de veloux rouge semez de
» fleurs de lys, et de crespine d'or, sous les-
» quels elles furent conduites depuis icelle
» porte iusques en l'Eglise Nostre-Dame, as-
» sistées de leurs Gardes Escossoises, et des
» cent Suisses de la Garde, le tambour bat-
» tant ; les ruës estoient toutes tapissées, là
» où abordoit vne extreme quantité de peu-
» ple, criant incessamment : *Viue le Roy*, et
» remerciant Dieu du grand benefice qui
» leur estoit ainsi aduenu.

» Au milieu d'icelle Eglise l'on auoit dres-
» sé deux bancs ou pulpitres, garnis de Mar-
» che-pieds de veloux et oreillers, là où leurs
» Maiestez reçeurent la benediction dudit
» sieur Euesque, qui là s'estoit préparé en
» habit Pontifical, estant assisté de Messieurs
» les Doyen et Chanoines, lesquels il faisoit
» beau voir en leurs habits decents ; et de là

» furent conduites dans le Chœur preparé à
» la Royale par ledit sieur Euesque qui y fit
» sa harangue ; auquel lieu fut chanté le *Te*
» *Deum* par vn nombre d'excellens Musi-
» ciens, ausquels leurs Maiestez après avoir
» devotement rendu graces à Dieu , prirent
» vn grand contentement à les ouyr.

» Cela fait, le Roy et la Reyne furent con-
» duits en leurs logis, preparez à la Royale,
» et le lendemain furent ouyr la Messe en la-
» dite Eglise, de Nostre-Dame devotement ce-
» lebrée par ledit sieur Euesque ; à la fin de
» laquelle on ouurit le Thresor, pour appor-
» ter la saincte Châsse en laquelle est la
» Chemise que la Vierge auoit sur soy lors-
» qu'elle enfanta le Sauueur du monde, la-
» quelle le Roy et la Reyne allerent hum-
» blement et deuotement baiser ; à laquelle
» ils firent mesme toucher quelques chape-
» lets. La Reyne desira aussi voir les autres
» saincts Reliquaires qui sont en iceluy
» Thresor, lesquels luy furent monstrez par
» les Chanoines qui eurent la charge de ce
» faire.

» Le Service paracheué, leurs Maiestez sor-
» tirent de l'Eglise, estans pareillement con-
» duites par lesdites Gardes Escossoises, auec

» les cent Suisses et le tambour battant ; à
» la sortie de laquelle elles firent faire de
» grandes aumosnes par leurs Aumosniers. »

En ce temps-là comme de nos jours, il faut bien le dire, se rencontraient quelques hôteliers et marchands rapaces, spéculant sur la grande affluence que les fêtes populaires amènent toujours, pour rançonner les étrangers ; aussi les Echevins, de concert avec les Officiers du Roi, réglaient-ils d'avance les prix des denrées alimentaires et autres choses nécessaires à la vie.

Voici le tarif qui fut arrêté à l'Hôtel-de-Ville de Chartres, au sujet de l'Entrée du Roi en 1619, et qui reçut toute la publicité nécessaire :

Le pain de 12 onces . . . . . . 12 deniers.
Le pain de Soi de 6 livres. . 5 sous 8 d.
La pinte de vin d'Orléans . . 5 s.
La pinte du meilleur vin du
Païs . . . . 4 s.
La pinte de vin commun . . 3 s.
Le minot d'avoine, à la ville. 13 s.
Le minot d'avoine, au village . 10 s.
Le quintal de foin pesant 104
livres à la ville . . . . 26 s.
La botte de paille . . . . . 2 s.
La journée de cheval, fournie

de foin et avoine à quatre me-
sures d'avoine, à la ville . . . 14 s.
   Au village. . . . . 10 s.
   La livre de lard maigre. . . 5 s.
   La livre de lard à larder . . 6 s.
   La livre de chandelle . . . 6 s.
   La livre de beurre frais. . . 6 s.
   La livre de beurre salé . . . 5 s.
   Le cent de fagots . . . . . 100 s.
   Le cent de javelles de Pelart. 72 s.
   Le cent de javelles com-
munes. . . . . 60 s.

Les fagots et les javelles trouvent ici leur
place, attendu qu'il était d'usage de faire,
dans chaque carrefour, des feux de joie. Les
prix de ces diverses denrées peuvent sembler
bien modiques, mais ils étaient en rapport
avec la valeur de l'argent et celui du revenu
foncier.

Le succès que ces fêtes populaires obtien-
nent dans notre ville est reconnu maintenant. Plus de 3,000 fr. venant grossir le bud-
get des pauvres, en sont la preuve, et ce résultat est le plus beau côté de cette cavalcade. Si nous y ajoutons encore le mouvement d'affaires dû à la visite de parents,
d'amis et d'étrangers, la gaîté et l'animation
répandues dans notre ville, ordinairement
si calme, ne devons-nous pas désirer de voir

de temps à autre des fêtes de ce genre se renouveler.

On doit compter dans les éphémérides d'une ville des époques telles que celle d'un *Concours régional*, dont une cavalcade semblerait être un complément obligé pour attirer et retenir les étrangers. Il ne s'agit donc que de savoir attendre et de saisir le moment opportun. Le concours de notre garnison nous est assuré, et toujours leurs dignes officiers se feront un devoir de partager avec la jeunesse de la ville, l'embarras et le plaisir de ces sortes de fêtes qui ont pour but la philanthropie et pour conclusion des secours aux malheureux ; de son côté, notre administration municipale, toujours dévouée quand il s'agit de subvenir au soulagement de la classe indigente, n'oubliera pas non plus ses généreuses traditions.

4 mars 1864.

L'ABBÉ MOISANT.

Je trouve partout ma patrie,
Où je trouve d'honnêtes gens.

FAVART.

Chacun a pu remarquer, depuis quelques années, l'engouement croissant du public pour l'étude des monuments et des édifices, études si intéressantes pour l'intelligence de l'histoire du passé et pour la connaissance des mœurs et des usages de nos pères. Mais cette recherche curieuse des choses inanimées ne doit pas nous faire oublier de nous enquérir de la vie des personnes qui ont concouru par leur savoir à l'illustration de

nos provinces; en poursuivant avec zèle ce
dernier genre d'études on découvre, en effet,
de temps à autre . quelques petites illustrations de clocher , modestes savants, dont les
œuvres littéraires composées dans le but
d'occuper leurs loisirs , ou pour la distraction de parents ou amis , restent souvent
enfouies dans les papiers de famille. Trop
heureux est - on de les sauver de l'oubli
qu'elles ne méritaient pas ou du danger
qu'elles peuvent courir d'être anéanties.

Nous allons essayer de tracer la biographie
d'un bon et modeste curé de village , enfant
du sol beauceron , que les événements politiques ont forcé de fuir le sol natal , et qui a
su mettre à profit cette émigration en ins-
truisant la jeunesse et cultivant les muses.

MOISANT *(Jean-Louis-Honoré),* fils de Jean-
Louis Moisant, notaire royal à Illiers, naquit
en cette ville le 16 novembre 1763. Ses parents
le destinant à l'état ecclésiastique, lui firent
donner une bonne éducation, qu'il commença à Chartres au collège Poquet, dont il était
un des meilleurs élèves, et qu'il alla terminer
à Paris , où il reçut les ordres mineurs, en
1786. La même année il vint au séminaire
du Grand-Beaulieu, près Chartres, pour ache-

ver ses études ecclésiastiques et poursuivre
cette carrière. Il fut ordonné prêtre le 22 décembre 1787.

Nous le trouvons, en avril 1789, chapelain
des religieuses de la Congrégation de Houdan. A cette date, les événements politiques
marchaient à grands pas, et, en 1791, il fut
obligé, comme tous les autres prêtres, de
quitter les fonctions qu'il remplissait auprès
des religieuses, attendu que leur maison
venait d'être fermée *de par la loi !* Sans fortune et plein de répugnance à prononcer un
serment qu'il regardait comme contraire à
sa conscience et à ses devoirs, possédant
une éducation solide et très-variée, il prit la
résolution d'aller demander à l'étranger le
pain et la paix que sa patrie lui refusait. En
1792, il s'embarqua sur le vaisseau russe
Hélèna-Paulowa, avec quinze autres passa-
gers. Voici la particularité qui signala ce
départ, et qu'il relate dans un écrit : « Quand
» nous fûmes, dit-il, en pleine mer, je re-
» cueillis toutes les cocardes tricolores qui,
» en Russie, n'auraient pas été pour nous un
» Palladium ; je les enfermai dans une bou-
» teille bien bouchée que je jetai à la mer. »
Dans une épître d'adieux adressée à sa sœur

aînée (Mme Froger, d'Illiers), il décrit ainsi son départ :

Fuyant, il le fallait, ce pouvoir tyrannique,
Qui sapait, dès longtemps, le pouvoir monarchique.
Quand les calamités s'assemblaient sur mes pas,
Par le ciel averti, j'évitai le trépas.

Il débarqua à Saint-Pétersbourg sur une terre étrangère dont il ignorait la langue. Heureusement qu'en cette ville il rencontra beaucoup d'infortunés compatriotes, ayant comme lui prudemment quitté la France, qui l'aidèrent de leurs conseils et lui offrirent leur bourse. On peut citer, entre autres, les abbés Septavaux et Surugue qui étaient pourvus d'emplois de précepteurs d'enfants de la noblesse russe. Il rencontra également dans cette capitale une demoiselle Chauvin, de Chartres, modiste.

Sa bonne éducation littéraire, l'enjouement naturel et la bonté de son caractère, le firent de suite rechercher et admettre dans la haute société. Il fut sollicité par un grand nombre de familles nobles ou de riches négociants, de se charger de l'éducation française de leurs enfants. Pendant les quatorze années qu'il passa en Russie, il employa ses talents comme professeur dans cinq familles princières ou notables. Il habita successivement les provinces de Saint-Pétersbourg, Kalonga. Riazan , de Tver et de Moscou. Les lettres de ses élèves que nous avons sous les yeux témoignent qu'il a laissé partout sur son passage des traces d'affection et de bons souvenirs.

L'abbé Moisant était d'un tempérament un peu mélancolique, d'une petite stature et d'une constitution délicate ; bien que peu maladif, il vivait d'un grand régime. Né au milieu du XVIIIᵉ siècle , son éducation quoique religieuse, avait laissé en lui des traces du libre penseur ; c'est du reste le signe caractéristique de cette époque où trônait le philosophisme. Ami de la nature, il nous a laissé dans ses manuscrits· composés sur la terre d'exil, des poésies et des tableaux descriptifs fort intéressants, touchant la vie champêtre, la liberté et le bonheur des villageois. Dans ses œuvres, se rencontrent des pages qui ne seraient pas désavouées par Gessner, Florian, Delille, Lantier et Bernardin de St-Pierre, poètes et littérateurs dont il est enthousiaste et qu'il semble avoir voulu imiter.

Ses poésies sont quelquefois légères et dans le genre de Dorat, Bernis, etc. comme exemple, nous produisons ici un quatrain fort joli qu'il adressa en 1791, à madame P. de Houdan, qui désirait prendre de ses leçons.

« J'y consens ; dut-on me blâmer
» Zulinde, il faut vous satisfaire ;
» Je vous apprendrai l'art d'aimer.
» Vous m'apprendrez celui de plaire. »

Si nous avons écrit qu'il était de l'école des *Libres penseurs*, voici un des motifs qui nous justifie. « Il faut remarquer que si plusieurs » russes font gras en carême, le clergé grec » n'accorde cependant ni permission de faire » gras ni de manger des œufs, comme dans » l'église romaine.

» Dans les bonnes maisons on sert en gras » et en maigre ; et j'aime beaucoup cette » tolérance ; comme je loue ceux qui sont » fidèles aux lois de leur église. Au reste :

» *Non quid intrat in as co inqui nat hominem.* »

Dans ses manuscrits se rencontrent également des détails pleins d'intérêt sur l'agriculture en Russie, ainsi que sur les mœurs et usages des paysans de ce royaume, ces dé-

tails sont parfois accompagnés de dessins à
la plume figurant certains objets difficiles à
décrire, puis des descriptions de voyages, en
prose et en vers, qui charment par un certain
cachet de véracité et par leur entrain : des
monographies d'édifices publics , des fables et des chansons, et enfin diverses traduc-
tions sur des sujets historiques ou littéraires
concernant l'empire des Czars.

Son savoir et son amabilité naturelle, lui
créèrent, au milieu des Moscovites, des relations multipliées avec un grand nombre de
savants et de notabilités locales; ses fonctions
de précepteur auprès d'enfants appartenant
à de riches familles lui donnèrent l'aisance
et les jouissances que procure la fortune,
mais aussi les malheureux eurent une large
part dans ses économies. Il rapporta de son
exil une boîte en or, cadeau qui lui fut fait
par l'Impératrice douairière Maria Fedorowa,
en récompense d'une œuvre poétique qu'il
dédia à cette princesse.

En 1802, il fut sur le point de revenir en
France, et déjà ses passe-ports étaient en règle,
mais vivement sollicité par de notables personnages de prolonger encore son séjour en
Russie, il n'eut pas le courage de refuser, il

obéit ; c'est au sujet de ce départ projeté, qu'il écrivit la poésie intitulée : *Salut à la Beauce.*

> Je vais donc les revoir ces plaines fortunées,
> Des présents de Cérès en tous temps couronnées ;
> Déjà d'un œil content je vois le moissonneur
> Alliant le repos au plus rude labeur,
> Sous l'ombrage chéri d'un pommier ou d'un hêtre
> Se livrer au sommeil, prendre un repas champêtre.

Mais ce retour tant désiré par sa famille il l'effectua en 1806. Parti au mois de juin de de Moscou, passant par St-Pétersbourg, il débarqua à Travemünde et se dirigea par Lubeck, Berlin, Mayence et Paris, où il arriva le 27 août suivant. Il nous a laissé, sur ce parcours, un Journal de voyage, qui est très intéressant. Voici entre autres une des anecdotes que nous y rencontrons: « M. » Aintze , aubergiste au Cygne-Blanc , à » Laüembourg (Hanovre), lui dit que les sol- » dats français étaient aimés dans le Hanovre » et qu'ils payaient bien partout (ce qui me » fit couler des larmes des yeux). Ce sont de » bonnes gens les Français, je les aime beau- » coup, Dieu veuille qu'ils reviennent encore » dans le Hanovre. Un soldat français vient- » il chez moi ? il me demande une, deux,

» trois bouteilles de vin, je lui en donne de
» bon qu'il me paye bien, et non seulement
» il paye son écot, il paye encore pour ceux
» de ces camarades qui n'ont pas d'argent.
» Un officier prussien me demande une ca-
» rafe d'eau, je la lui donne, il s'en va, et
» voilà tout mon profit avec lui. » Le lecteur
doit comprendre le motif d'amitié de l'aubergiste hanovrien pour les Français et la cause
de son dédain pour les Prussiens ! Malheureusement, en France, nous avons eu, en
1815, beaucoup de nos compatriotes qui faisaient l'éloge des alliés, pour le même
motif !!!

M. Moisant, en parlant du gouvernement
russe dit : « Ce que j'aime le mieux de tout
» cela, est l'hospitalité qu'il a accordée aux
» infortunés que leur patrie rejetait de son
» sein ; et tous les français sensés seront re-
» connaissants pour l'asyle qu'ils ont trouvé
» dans la seule Russie, sous les règnes de Ca-
» therine II, Paul Ier et Alexandre Ier. » On serait tenté de croire que notre concitoyen
était peut-être un peu *Russophile*, et pourtant il serait ingrat de mordre le sein qui
vous a allaité !

Il prenait en patience le temps de son exil

et la poésie aidait à le consoler dans son
isolement. Voici comment il s'exprime à ce
sujet :

« Dans mon exil aussi l'aimable poésie
» Vint alléger les maux répandus dans ma vie ;
» Par elle dénué des trésors de Plutus,
» Je sus m'en consoler dans le sein des vertus ,
» C'est par vos doux écrits, vous qu'honore la France,
» Que j'appris à chérir la douce bienfaisance,
» Et qu'en un rang obscur concentré pour jamais
» Je sais sur l'indigent régner par les bienfaits, etc.

Voulant toujours rester citoyen français,
M. Moisant avait dù à Saint-Pétersbourg, le
25 vendémiaire an XI, prêter serment entre
les mains du ministre plénipotentiaire Hé-
douville, en déclarant qu'il restait dans la
communion des évêques de France, suivant
la convention passée entre le gouvernement
français et S. S. Pie VII ; qu'il demeurait fidèle au gouvernement établi par la constitution; qu'il n'entretiendrait ni directement
ni indirectement, aucune correspondance
avec les ennemis de l'Etat. Le 11 floréal suivant il obtenait du Grand-Juge Ministre de
la Justice, un certificat d'amnistie, conforme
au Sénatus-Consulte du 6 floréal an X. « Attendu que le déclarant *ne jouit d'aucuns ti-*

tres, décorations, traitements, ni pensions des puissances étrangères. »

Agé seulement de quarante-deux ans, lors de son retour en France, il resta quelque temps indécis, touchant la fonction utile qu'il pourrait remplir ; la révolution avait dispersé et réduit à un petit nombre les ministres des autels ; il fut engagé et vivement sollicité à reprendre son ministère sacré ; il prêta serment de fidélité au gouvernement entre les mains du Préfet d'Eure-et-Loir le 22 février 1807, et M. de Laroche, évêque de Versailles, sous la juridiction spirituelle duquel se trouvait compris le département d'Eure-et-Loir, le nomma le 1er septembre 1808, à la succursale d'Alluyes, canton de Bonneval.

Dans cette nouvelle résidence il se fit aimer et fut entouré d'une grande considération. Sa bonté de cœur et ses connaissances littéraires et historiques, jointes à une élocution facile, le faisaient rechercher des illustres propriétaires des châteaux de Montboissier et de Meslay-le-Vidame. Dans maintes circonstances, l'administration départementale eut recours à lui, attendu qu'on le savait versé dans la connaissance des lan-

gues du Nord. Possédant quelques économies qu'il avait réalisées pendant son émigration, il fit beaucoup de bien aux malheureux des environs. Aussi tous furent affligés, ainsi que les gens de bien qui avaient
eu des rapports avec lui, lorsqu'ils appri-
rent que cet homme bon et juste venait d'ê-
tre frappé d'apoplexie foudroyante , le 21
mars 1814.

> « La mort ne surprend point le sage :
> Il est toujours prêt à partir,
> S'étant su lui-même avertir
Du temps où l'on se doit résoudre à ce passage (1). »

Un des petits-neveux de M. Moisant , M.
Ed. Baudouin, a pensé remplir un devoir de
famille en faisant don à la Bibliothèque publique de Chartres, des œuvres manuscrites
et inédites de son oncle. Ces manuscrits autographes renferment en cinq volumes, sous
le nom de *Miscellanées* ou *Variétés* , des
anecdotes, récits de voyages et des poésies,
six autres volumes contiennent des tra-
ductions d'ouvrages historiques et littéraires , ayant rapport à l'empire de Russie.

(1) Lafontaine, liv. VIII, fable 1.

Plusieurs de ces livres sont enrichis de gravures et de dessins originaux. Pour compléter son offrande, M. Baudouin a joint à ce don, seize volumes imprimés; au nombre desquels nous devons signaler : *Description de toutes les nations de l'Empire de Russie*, etc., 3 vol. in-4°, ornés de cent gravures coloriées, un très-bon dictionnaire *Russe-Français-Allemand*, et enfin dix autres ouvrages en langue russe. Ces derniers imprimés, formeront le premier fonds en cette langue du Nord. Notre bibliothèque publique , malgré ses richesses ne possède aucun ouvrage en cet idiome. Puis il faut encore ajouter à cette donation un carton contenant divers grands dessins et gravures russes.

M. Baudouin n'a conservé comme souvenir de famille, qu'un volume manuscrit intitulé : *Anecdotes choisies sur Pierre Ier*, extraites de Goligof, traduites et enrichies de notes et d'éclaircissements par M. Moisant.

Enfin notre Musée public a eu également une petite part à ses largesses; elles consistent en spécimens de vêtements ou d'objets en usage en Russie.

Nous croyons devoir en terminant cette notice, y consigner à titre de renseignements que M. Ed. Baudouin possède un dessin (mine de plomb) représentant l'abbé Moisant; c'est l'œuvre d'une de ses élèves en Russie. M. Rouilly-Froger, comme neveu, est également possesseur d'une jolie boîte, ornée d'un médaillon, où est figuré cet abbé avant son émigration; c'est une miniature d'une exécution très-soignée; il serait à désirer de voir l'une de ces effigies déposée soit à notre Bibliothèque ou à notre Musée.

Ce 30 mars 1864.

ENCORE COLLIN-D'HARLEVILLE.

> « Chassez le naturel, il revient
> au galop. »
>
> *(Dicton populaire.)*

Au risque d'être atteint et convaincu de *Collin-d'Harlevillomanie*, je pense qu'il est intéressant et de circonstance de mettre en lumière les particularités les plus intimes qui peuvent aider à faire connaître de plus en plus notre poète, surtout au moment où sa ville natale, la ville de Maintenon, a pris à tâche d'orner une de ses places du buste de son illustre concitoyen.

Si Collin-Harleville s'annonça à son début comme un piètre avocat, il finit par révéler plus tard le talent du poète qui fit de si agréables comédies.

Collin-Harleville fut obligé, en l'année 1780, et par ordre paternel, de quitter Paris, ce séjour privilégié de l'intelligence, pour venir habiter Chartres, paisible capitale de la Beauce, afin de s'y faire recevoir avocat et d'y exercer cette profession au bailliage. C'était déchoir, mais il fallait obéir. Aussi ce fut avec douleur, mais non sans espoir de retour, qu'il s'éloigna de ses amis ainsi que du modeste *Hôtel Notre-Dame*, tenu par Mme Raclot. Il quitta cet asile le cœur gros et la tête pleine de projets poétiques. Ce fut à ce sujet qu'il écrivit les vers suivants :

« J'obéis ; je quittai donjon, hôtesse, amis ;
» Je promis tout, et tins ce que j'avois promis :
» Tout Chartres m'est témoin (le fait est trop notoire)
» Que j'ai, pendant trois ans, lassé mon auditoire... »

Pendant son séjour à Paris, il ressemblait à ses joyeux amis qui, la plupart, travaillaient chez des Procureurs, et dans l'étude desquels ils griffonnaient plus de bouquets à Chloris ou d'invocations à Thalie que de rôles d'enquêtes. Il leur était plus agréable de célébrer l'amour et les belles que de grossoyer pour la défense de la veuve et de l'orphelin. Ils avaient tous les défauts et les passions de leur âge. Dans la bourse de chacun l'argent était rare et les dettes s'accumulaient chaque mois. C'est dans cette situation que Collin obéit à son père et vint à Chartres.

Dans une pièce de vers que notre poète a intitulée : *La Bonne journée* (1), et qu'il serait beaucoup mieux de désigner sous le nom de *Complainte d'un clerc de Procureur*, il se peint à merveille. C'est-à-dire que pour lui l'étude de la chicane était une sorte de désespoir. A ce travail il préférait la pensée libre et vagabonde du poète avec tout son essor. Ceci le séduisait plus que la science de porter une cause au Pétitoire ou au Possessoire.

Son père n'était pas riche et était chargé d'une nombreuse famille à élever (huit enfants!). Cependant Collin faisait des appels réitérés à la bourse de ce père auquel des amis officieux, croyant flatter son amour-propre, répétaient chaque jour que son fils étant

_____

(1) Voy. dans ses Œuvres, t. IV, Pièces fugitives.

pourvu de si grandes dispositions pour le culte des Muses, c'était une barbarie de le forcer à parler le jargon du Droit, de l'affubler d'une robe d'avocat et de le voir s'étioler de la sorte dans l'étude d'un procureur, qu'enfin c'était enchâsser un diamant dans du laiton. A tous ces beaux propos, le père ferma l'oreille et se montra inexorable. Il avait l'expérience du monde et savait que souvent : *Pégase est un cheval qui porte, les poètes à l'hôpital !*

Collin arrivé à Chartres où sa petite renommée l'avait devancé, fut fêté par ses amis d'enfance. Car il avait été élevé en cette ville chez son aïeule maternelle, Mme Artérier. Il retrouva de nombreux condisciples qui, comme lui, avaient commencé leur éducation chez les frères de l'Ecole Chrétienne. Sa grand'mère se trouva heureuse de voir son petit-fils auprès d'elle, et non plus à Paris, qu'elle réputait une ville de perdition pour la jeunesse. D'ailleurs elle avait reçu la confidence des plaintes du père, et elle-même avait, en cachette, adressé quelques écus de six livres pour aider à alléger les dettes de son petit chéri. Le père avait surtout recommandé que l'on empêchât Collin de faire des

vers , si nous en croyons un de ses biographes (1). Mais Mme Artérier aurait consenti
à ce qu'il fît seulement quelques vers pieux.
« Condition qui lui avait été impérieusement
» imposée. Bien différent en cela de *Despor-*
» *tes* et de *Regnier*, qui chantèrent les muses
» profanes avant de faire leurs stances chré-
» tiennes. »

Chartres , à cette époque , possédait une
Basoche pour les clercs du Bailliage, composée de clercs de procureurs et de notaires.
Cette ville comptait alors trente-six avocats,
trente procureurs , seize notaires , et Dieu
sait combien d'huissiers et de sergents. Il fut
accueilli à bras ouverts par la confrérie , et,
plus tard , étant reçu avocat il se faisait un
plaisir d'être confondu avec les Basochiens.
Soit dit sans aucune allusion critique , les
clercs d'alors étaient généralement des *pio-*
cheurs ; il est vrai que leurs traitements
étaient si modestes et leurs loisirs si res-
treints , qu'ils étaient presque réduits à la
nécessité d'être sages et actifs. Puis , dans
nos petites villes , le contrôle est si général
et si facile , et la médisance si venimeuse ,

(1) M. Hérisson.

qu'il est à peu près impossible de se permettre de grandes licences.

Les réunions de la Basoche tenaient deux fois par semaine, et le café n'était visité par les membres que le même nombre de fois, le jeudi et le dimanche ; le *cours Philippe* (actuellement *boulevard des Epars*), était leur lieu de rendez-vous, tous les soirs, pendant la belle saison ; en hiver, c'était vers l'heure de midi, après le dîner. Les clercs les plus bruyants fréquentaient le *cours Philippe*, mais les penseurs et ceux qui aimaient la discussion préféraient la longue, sombre et tortueuse *butte des Charbonniers*.

Le café où se donnaient rendez-vous ces futurs avocats, procureurs ou notaires était le *café de l'Union*, exploité par la veuve Throsnel, au carrefour Sainte-Foi. Une salle au rez-de-chaussée contenait un vaste billard en chêne, ayant douze solides pieds pour soutenir sa table, recouverte de son tapis aussi vaste qu'un pré. Les blouses étaient en filets de corde destinés à recevoir les billes. Une innovation venait d'apparaître, au lieu de billes en buis, Mme Throsnel en avait acheté en ivoire ; une tenture en étoffe dite Marganne, tapissait les murs, auxquels étaient fixés des reflecteurs en ferblanc, destinés à propager la lumière d'une chandelle qui servait à éclairer les joueurs de poule. Je vous vois sourire au récit de la description de ce modeste mobilier. A la suite de cette salle était une chambre lambrissée renfermant des tables de bois et quelques chaises, là se réunissaient les causeurs, les joueurs de cartes et de dominos. La consommation était des plus simples, du vin, du café, des liqueurs sucrées et de la bière, mais cette dernière boisson n'apparaissait sur les tables que depuis Pâques jusqu'à la Toussaint. On aurait traité d'Allemand celui qui aurait osé en consommer dans la saison d'hiver. L'usage de la pipe et du cigare était inconnu, on y rencontrait seulement quelques priseurs.

C'est dans ce modeste établissement que les clercs d'alors s'assemblaient, et Collin était de ce nombre. Un jour que ce dernier, accompagné de deux autres camarades, parcourait en conversant la *butte des Charbonniers*, il lui arriva de faire une trouvaille qui pouvait servir de prétexte à une intéressante réclame. De retour au café, il fit part de son aventure, on tint conseil, les avis furent partagés, et notre clerc-poète fut chargé de rédiger en vers, un avis au public. Aussi dans le n° 47, du 21 août 1782, les abonnés du journal des *Annonces et Affiches du Pays Chartrain* purent lire les lignes suivantes, au titre : DEMANDE PARTICULIÈRE.

BIJOU TROUVÉ.

« En un endroit, je ne dirai pas où,
Jeune Beauté, du moins je le soupçonne,
A, certain soir, perdu.... certain Bijou.
Ah! que je plains la petite Personne !
Elle a perdu son plus bel ornement.
Que faire hélas! Que dira sa maman ?
Seule, à l'écart, elle pleure, soupire ...
Combien de gens qui ne feront qu'en rire,
Et qui diront: « Bon! regrets superflus!
» Ce Bijou-là ne se retrouve plus. »
Or, à coup sûr, ils vont crier merveille ;
Ce Bijou n'est.... qu'une *Boucle d'oreille.*
Je l'ai trouvé hier dans mon chemin,
Et je promets le rendre dès demain.
Mais, par avance, et de peur d'embarras,
De mon salaire il faut que je convienne ;
Car, en ce monde il est bien des ingrats,
J'ose exiger que la personne vienne
Chercher sa Boucle, et pour tout intérêts,
Donne un baiser.... c'est être bien modeste :
En supposant, cela s'entend du reste,
Qu'elle soit jeune, aimable qui plus est ;
Est-elle vieille ou laide? on la dispense
Et du voyage et de la récompense.

C.....

» S'adresser au bureau d'avis, où l'on indi-
quera la personne qui a la boucle d'oreille. »

Mais cette annonce spirituelle ne produisit
pas de résultat. Les camarades avaient fait
des cancans, chacun avait vu le bijou et
cherchait à découvrir parmi les dames ou
demoiselles de la ville qui pouvait avoir perdu une boucle d'oreille sur la *butte des Charbonniers!* Le numéro du journal du 4 septembre suivant, fait connaître que le bijou
perdu est toujours en disponibilité. Peut-être
qu'une jeune demoiselle aura estimé un baiser d'un prix supérieur à sa boucle d'oreille,
et une vieille ou laide aura sans doute trouvé le dédain trop grand et trop injurieux
pour risquer de rentrer à ce prix en possession du bijou perdu. Collin en fut pour ses
frais de poésie, mais le public se montra satisfait de l'annonce.

Si notre poète, clerc de procureur, nous a
fait confidence de ses plaintes touchant l'ennui des journées passées chez son patron ;
voici la description de l'emploi de ses semaines à Chartres, en attendant une clientèle qui
tardait à venir, et que, du reste, il ne cherchait guère.

La Semaine bien employée.

Mes bons amis, que je vous conte
Ce que j'ai fait depuis huit jours ;
Car aussi bien faut-il toujours
De ce qu'on fait se rendre compte.
Dimanche... Mais vous le savez bien
Que le dimanche on se repose :
Ce jour là donc je ne fis rien ,
Du moins je ne fis pas grand chose.
Lundi, je mis sur le métier
Des vers pour la jeune Lisette,
Et fis un quatrain tout entier.
Mardi, je lus bien la Gazette.
Le jour suivant j'étudiai
Une nouvelle Contredanse ;
Jeudi matin, j'expédiai
Une longue correspondance :
Quelques visites d'importance
Remplirent mon après-midi :
A la campagne, *Vendredi* ,
J'allai dîner... par complaisance.
Un grand Bal suivit le festin :
Je veillai, la nuit ; en revanche,
J'allai, le *Samedi* matin,
Me mettre au lit jusqu'au *Dimanche*.

A Paris, si Collin avait pour ami *Andrieux*,
il fut aussi intimement lié avec *Pons* (de Ver-
dun), poète original, qui dut exercer une
certaine influence sur notre concitoyen dans
la composition de ses poésies fugitives. *Pons*

savait à merveille lancer le trait qui caractérise ces sortes de poésies. En terminant cette esquisse, nous allons reproduire deux épitaphes composées par Collin d'Harleville, et qui reproduisent la coupe de vers et l'originalité d'esprit ou de nature du personnage dont il retrace le souvenir.

Epitaphe d'un Centenaire.

Ci-git Paul qui, docile à cet avis du sage :
    « Hâte-toi lentement. »
Pour gagner l'autre monde, alla tout doucement,
Et mit cent ans entiers à faire le voyage.

Epitaphe d'un Avare.

    Ci-git un vieux Cancre,
    Qui jamais n'a mis
    De point sur les is,
    Pour ménager l'encre.

Par ces quelques citations il est facile de se convaincre que notre poète n'était pas dépourvu d'une certaine facilité pour ces sortes de pièces fugitives; la tournure en est ingénue et les sujets variés. Mais son chef-d'œuvre dans ce genre, c'est les *Aventures de Thalie.*

Si quelques-uns de nos compatriotes voulaient collectionner les poésies fugitives de

Collin, je crois devoir les avertir qu'ils en
trouveront un grand nombre, depuis l'année
1780 jusqu'en 1792, dans les divers recueils
périodiques ouverts alors à ces sortes de poésies légères.

Ce 16 août 1864.

—

MARCEAU

(1769-1796)

—

« Dieu juge, l'homme raconte. »
J. LAVALLÉE.

Notre époque semble être l'âge d'or pour l'imprimerie (quoique beaucoup de gens prétendent qu'elle n'est pas assez libre). Nous sommes en présence des médecins *Tant-pis* et *Tant-mieux*; les uns crient que l'on imprime trop, d'autres disent le contraire! Où est la vérité? Chacun est dans le vrai, cela dépend du point de vue où l'on se place.

Surtout pour la partie historique, où n'a-
t-on pas été fouiller, où ne va-t-on pas fouiller chaque jour (car, pour la partie religieuse
les investigations ne font que commencer).
Les *Mémoires* sur les scandales des Cours de
Louis XIV et Louis XV, nous ont montré
tous les rois, princes, ministres et grands
seigneurs de cette époque dans le déshabillé
le plus complet. Quoi de plus intime que
les Mémoires de Tallemant-des-Réaux, de
Saint-Simon, Dangeau, Barbier, etc., etc.

Déjà, vers 1820, les écrits relatifs à la Révolution française avaient assez timidement
fait leur apparition, puis vint la *Revue Rétrospective*, de J. Taschereau; voici actuellement
la *Correspondance de la Reine Marie-Antoinette*,
et celles d'autres célébrités de ce règne, qui
sortent des cartons où elles étaient conser-
vées depuis longtemps.

Une des plus curieuses publications qui se
fait en ce moment, et qui marquera notre
époque entachée de scepticisme, est un recueil intitulé L'AUTOGRAPHE, véritable exposition permanente et authentique des missives les plus intimes des célébrités du jour;
vous y voyez en fac-simile leur écriture et
leur signature, et même quelquefois on y

ajoute leur portrait! Que de rudes camouflets reçoivent dans cette publication, entre autres, d'anciens *grands hommes* de 1848. C'est la nature prise sur le fait. A quelques-uns de ces martyrs on fait boire le calice jusqu'à la lie. En lisant ces pages, souvent hardies ou scandaleuses, on envie le sort des gens illettrés. Les billets que vous avez écrits pour l'intimité, sont furtivement dérobés ou activement recherchés par des collectionneurs d'autographes et souvent livrés sans vergogne! Car où sont les véritables amis? C'est peut-être une raison pour laquelle certaines personnes n'ont qu'une correspondance affectueuse et d'une banalité désespérante, afin de ne pas se compromettre. Il semble qu'elles craignent, ces personnes, de se voir exposées au pilori de l'*Autographe*. Mais une preuve que cette publication est au goût du jour, c'est le succès qu'elle obtient.

Afin de faire diversion, on trouve également dans ce recueil des raretés historiques du XVIIIe siècle, et au nombre desquelles nous avons rencontré, dans le dernier numéro (1), deux bonnes pages concernant

(1) N° 19. 1er septembre 1864. La courte Notice

notre héros chartrain Marceau. C'est le fac-
simile d'une lettre de ce général, dans laquelle il relate lui-même par des dates ses
états de services, dans le but d'obtenir un
avancement de grade. Cette lettre est suivie
d'une chaleureuse apostille du général en
chef Jourdan.

L'autographe de Marceau constate qu'il
avait embrassé l'état de soldat avant l'âge de
16 ans, malgré des assertions contraires (1).
La voici :

« Né à Chartres, département d'Eure-et-Loir, en
» l'année 1769... Etudiant avant d'être au service.
» Soldat au 34ᵉ régiment d'infanterie en l'année
» 1784, jusqu'au mois de juin 1789. Entré dans la
» garde nationale parisienne au mois de juillet
» même année. Servi dans icelle jusqu'au mois
» d'octobre dans la garde nationale de Chartres,
» depuis cette époque jusqu'au mois de novembre
» 1791, qu'il s'est enrôlé comme volontaire. A été
» fait capitaine alors au premier bataillon d'Eure-

qui accompagne la lettre du général Marceau contient deux erreurs au sujet de l'âge et de la mort
de ce général.

(1) *Marceau*, par M. J. Doublet de Boisthibault.
(Chartres, Durand et Noury, 1851). In-8°. Pages 66
et 90.

» et-Loir ; adjudant-major dudit bataillon au mois
» de décembre même année (par le Pouvoir exé-
» cutif). Lieutenant - colonel dudit bataillon au
» mois de mai 1792. Entré dans la cavalerie en
» qualité de lieutenant en premier, par lettre du
» Pouvoir exécutif, le 7 novembre 1792. Capitaine
» au mois d'avril 1793. Adjudant général chef de
» bataillon le 15 juin 1793, par le Pouvoir exécu-
» tif. Général de brigade le 25e jour du 1er mois
» de l'an II de la République , par les représen-
» tants Bellegarde, Choudieu, Bourbotte, Turreau,
» Carrier, Fayan et Merlin de Thionville, con-
» firmé par le Pouvoir exécutif le quinze bru-
» maire même année. Général de division le 20
» dudit mois, par le Conseil exécutif. Général en
» chef par intérim de l'armée de l'Ouest, le 8 fri-
» maire par le Conseil exécutif. A commandé l'ar-
» mée de l'Ouest jusqu'au 19 nivôse ; époque à
» laquelle il est rentré dans la classe des géné-
» raux de division ; employé à l'armée des Ar-
» dennes, devenue partie de l'armée de Sambre-
» et-Meuse, depuis le 26 germinal jusqu'à ce jour.

» MARCEAU. »

Voici l'apostille du général en chef Jourdan au sujet de cet état de services fourni
par Marceau.

« Le général Marceau réunit à tous les talents
» de son grade la plus grande bravoure, la plus

» grande intrépidité. Il a commandé plusieurs
» fois des corps séparés; il s'est distingué dans
» plusieurs circonstances et notamment à l'affaire
» d'Esneux, où il commandait l'avant-garde du
» corps qui a fait cette attaque. Il fera un bon
» général en chef, lorsque le tems aura un peu
» ralenti son ardeur qui est dans ce moment-ci
» un peu trop bouillante.

» *Le général en chef,*

» JOURDAN. »

En lisant ces deux pièces, rédigées avec le laconisme de l'époque, on voit qu'elles contrastent étrangement avec le style ampoulé et adulateur de nos jours. Missives écrites au milieu des camps, elles portent ce cachet de sincérité digne des généraux de la République. Jourdan recommande Marceau avec bonté et franchise.

Ces autographes non datés, ont dû être écrits vers le mois de juin 1795. Jourdan, en chef expérimenté, craignait qu'en confiant les soldats de la République à un général en chef âgé de 26 ans seulement, sa fougue valeureuse et son ardeur militaire bien connues n'amenassent un désastre dans un nombreux corps d'armée. Cette apostille fait le plus grand honneur à celui qui l'a dictée, en même temps qu'elle concourt à l'immortalité du héros chartrain.

Par cet extrait, il est facile de se convaincre que la publication de l'*Autographe* peut être utile et curieuse.

Ce 3 septembre 1864.

LA BASSE VILLE

A Chartres.

> « Quand on rend la justice on met
> tout en balance. »
>
> (*Le Cid*, acte IV.)

La ville de Chartres, comme toutes les anciennes cités, établit sur les bords de la rivière qui la traverse, son commerce qui se trouvait, ainsi que cette partie de la ville, protégé par le château-fort des Comtes, dominant la vallée et la Cathédrale, aux clochers gigantesques ; cette imposante basilique, semblait elle-même également favo-

riser le négoce, en appelant dans son enceinte d'innombrables pèlerins de toutes les
parties du royaume.

C'est au sein de cette vallée, qu'arrose pai-
siblement la rivière d'Eure, que du XIIe au
XVIIe siècle, tout le commerce Chartrain s'était
aggloméré ; les *Bourgeois de la Rivière* occu-
paient au XVIe siècle, seize cents ouvriers
sergiers et drapiers ; au XVIIe, deux cents
compagnons tanneurs, corroyeurs et mégis-
siers-parcheminiers, habitaient cet endroit
de la ville. Puis, à la fin du même siècle,
un pareil nombre de peigneurs et cardeurs
de laines, pour la fabrication de la bonne-
terie, innovaient ce genre d'industrie. Je
parle du passé, car actuellement de toutes
ces industries, il ne nous est quasi-resté que
le souvenir.

A cette époque, le faubourg de la Porte-
Guillaume, la rue du même nom, celle du
Bourg, de la Rôtisserie (actuellement de
Saint-Eman), y compris les rues de la Tannerie, de la Corroierie et de la Foulerie, ren-
fermaient la puissance mercantile de Chartres, qui dominait là en toute liberté. La
haute ville au contraire était la résidence de
l'innombrable clergé de l'Evêque de Char-

tres , ainsi que de la multitude des gens de justice du Bailliage, puis des bourgeois de la cité et des marchands détaillants.

C'est dans la partie basse de la ville et surtout aux environs de la rue du Bourg et des autres voies adjacentes que l'activité commerciale était la plus grande. Ce fut dans le local dit : l'*Escalier de la Reine Berthe*, qu'en 1575, nos commerçants chartrains établirent la justice Consulaire des Marchands. La Maréchaussée (Gendarmerie), résidait en sa caserne rue des Ecuyers , puis rue du Puits-Berchot. Le *Tripot* fut adopté pour caserne d'infanterie, et nos échevins firent édifier celle de Saint-André pour la cavalerie. L'Hôpital-Général des Vieillards était établi rue Saint-André, et l'Asile des Orphelins au Puits-du-Crochet (où se voit actuellement l'entrée de la Caserne de cavalerie).

Trois foires existaient dans la ville basse. 1° Celle de *Saint-Simon et de Saint-Jude* , qui se tenait au cimetière Saint-Hilaire et dans la rue Saint-Pierre. 2° Celle de *Saint-André* qui avait lieu devant l'église de ce nom, puis se tint ensuite Marché-à-la-Filasse , et enfin place des Epars. 3° La *foire de Saint-*

Barthélemi existe encore place Morard , sur l'emplacement de l'ancienne Mégisserie. Deux boucheries alimentaient ces bas quartiers, celle de Saint-Hilaire et celle du Bourg. Cinq jeux de Paume étaient établis dans la basse ville , ainsi que les Etuves (bains chauds), pour les hommes et pour les femmes , l'une dans la rue aux Juifs et l'autre rue de la Corroierie.

Alors des procureurs , notaires , sergents , huissiers, médecins, apothicaires , etc., habitaient aussi ces rues mercantiles. Mais combien les temps sont changés ! Car ces rues de la ville semblent délaissées davantage de jour en jour, comme des lieux pestiférés. Le commerce est monté insensiblement pour s'établir sur le plateau de la côte. Actuellement tout semble émigrer vers la plaine voisine de Luisant. Cet état de choses est anormal et contraire aux principes d'économie et de prospérité d'une cité. Pourquoi fuir le cours d'eau, qui est généralement un puissant auxiliaire pour l'entretien de la salubrité , et d'une utilité et commodité si grandes pour le bien-être d'une ville? Pourquoi élever à si grands frais l'eau nécessaire aux besoins du ménage , tandis qu'elle se trouvait à peu de distance et s'offrait à profusion aux besoins de la majorité des habitations.

Si nous cherchons à nous rendre compte de ce fait, des causes qui semblent l'avoir produit ou tout au moins ont dû y contribuer, nous trouvons que le besoin progressif de confortable, qui de nos jours est regardé comme indispensable, est celui qui a engagé notre bourgeoisie chartraine à délaisser les vieilles maisons de bois, édifiées et habitées par leurs ancêtres, pour en faire construire de neuves extra-muros, en ayant soin d'y joindre toutes les aisances possibles et des jardins d'agrément. De proche en proche cette maladie a gagné le commerçant, puis ensuite l'ouvrier lui-même. Là est le mal, comment l'empêcher de progresser ? Dans la haute ville les loyers sont d'une cherté exorbitante et dans la basse ville à un excessif bon marché.

A ces causes de préjudiciable inégalité peut-être ne serait-il pas hors de propos d'ajouter celle-ci, c'est que, depuis longtemps, la basse ville de Chartres a été, dans certaines circonstances, trop délaissée et mise en dehors des améliorations accordées à la haute ville. Et pourtant on doit toujours faire l'aumône aux pauvres et jamais aux riches !

A l'occasion des eaux mises basses récemment, nous nous sommes senti porté à visiter tout le parcours de notre rivière dans la ville. L'avouerai-je ? bien que cinq ans seulement se soient écoulés depuis qu'un curage complet a été opéré, nous avons été surpris et affligé en voyant la quantité de vase, de sable et d'immondices de toutes espèces accumulés dans le lit de la rivière intérieure surtout. Ce canal est totalement obstrué par des fanges d'une épaisseur de 20 à 60 centimètres ! On est effrayé en voyant toute cette bourbe amassée et en contact journalier avec les nombreuses blanchisseries et autres industries existantes sur ses bords.

La principale cause qui produit cet état de choses au détriment de l'hygiène et de la salubrité publique, c'est l'apport quotidien des immondices de la haute ville joint au barrage de ce canal dans son parcours intérieur. Cinq moulins à farine formant sept usines sont, par leurs vannages autant d'obstacles à l'écoulement de la vase et des détritus hors de la commune. En tout temps le cours de la rivière est presque insensible, mais surtout pendant l'été ; puisqu'il n'existe qu'une pente totale de 2 mètres 4 centimètres !!! Depuis le déversoir de la Courtille jusqu'au moulin des Petits-Prés ; chaque barrage ne donne que 40 centimètres de chute pour chacun ; aussi le manque d'eau journalier force les usiniers à heurer leur travail, et les force même souvent à chômer. Comparativement aux autres usines à farine, établies plus loin sur le même cours d'eau, celles-ci sont désignées sous le nom dérisoire de *Moutardiers!* Leur produit commercial est presque nul, comme l'indiquent suffisamment leurs prix de location.

Dans l'état actuel, ces moulins n'ont pas une grande valeur, soit comme chute d'eau, soit comme bâtiments, puisque la plupart sont dans un état de délabrement complet. Nous croyons qu'il y aurait avantage en ce moment, pour la ville et pour les propriétaires de ces moulins, d'anéantir ou de modifier ces écluses intérieures en n'en réservant qu'une seule ayant un mètre de chute, pour diviser la pente des 2 mètres 4 centimètres existante. On obtiendrait ainsi un courant rapide et le lit de la rivière serait affranchi des quatre cinquièmes de ces entassements d'immondices, si surtout l'on prenait soin d'établir à l'arrivée de chacun des ruisseaux affluents venant de la haute ville, des caisses de décharge sur le bord de la rivière.

Nous pensons que notre administration municipale devrait faire étudier par une commission spéciale les moyens de rendre la vie au commerce du quartier de la Porte Guillaume y compris le faubourg ; de rendre les rues Saint Eman (surtout dans sa partie inférieure) et du Bourg d'un abord plus facile. A voir l'atonie commerciale de cette partie de la ville, là où existait jadis l'âme mercantile de la cité, on se dit qu'il doit y avoir quelque chose à modifier ou à innover pour la régénérer.

Il existe depuis trop longtemps déjà, un antagonisme de jalousie de négoce entre les habitants de la ville basse et ceux de la haute ville ; cet antagonisme semble depuis peu d'années surtout, se dessiner davantage ; loin de songer à le provoquer, je voudrais au contraire avoir à signaler des moyens pour l'anéantir. Car par rapport à mes intentions, j'aime à le dire hautement : *Honni soit qui mal y pense !*

Voici quels sont les principaux griefs exposés et colportés chaque jour par les intéressés :

1° Que les immondices de la ville haute venant encombrer le lit de la rivière, ce sont leurs propriétés qui sont exclusivement grevées du curage quinquennal, sans que les habitants de la ville haute participent à cette lourde dépense.

2° Que le pavage de certaines rues, surtout celles de la Foulerie, Coupe-Barbe et Planche-aux-Carpes , etc. , est déplorable ; que les rues de la Petite-Boucherie et de Saint-Eman ont besoin d'être rendues plus accessibles aux piétons et aux voitures ce qui est possible.

3° Que les *Lupanars* de la rue aux Juifs, sont également une des causes les plus nuisibles au commerce et aux habitations des environs de cette rue. Que ces établissements devraient être soumis à l'enquête de *commodo* et *incommodo*, et les propriétaires préalablement consultés avant l'introduction de cette sorte d'industrie dans leur quartier;

attendu, que cette profession est tout à la fois *incommode* et *insalubre*, tant au physique qu'au moral; qu'il y a danger continuel pour la jeune population de ces quartiers, d'être en contact journalier avec ces sortes de maisons, ou du moins avec ceux qui les habitent ou les fréquentent, ce qui est une occasion de rixes violentes et d'injures quotidiennes. La première maison de ce genre fut établie en 1829, rue de la Brèche, quartier qui pouvait lui convenir; la seconde le fut en 1830, à l'extrémité du Pavé de Bonneval, endroit préférable et mieux choisi. Car il eût été désirable que ces sortes d'établissements eussent été maintenus extra-muros, à l'instar des villes de Châteaudun, Nogent-le-Rotrou et Dreux, qui, m'a-t-on assuré, les ont relégués hors leur ville, et lesquelles nous ont en cela donné l'exemple.

4° Enfin, les habitants de la ville basse demandent : qu'en compensation de l'Usine à Gaz qui infecte le quartier Porte Morard, et comme dédommagement de l'obligation qui lui fut imposée de fournir une de ses places pour recevoir la machine du docteur Guillotin, dont la haute ville a su se décharger depuis une dizaine d'années, il leur est dû une compensation quelconque. Par la raison qu'il est constant et avéré que toutes les propriétés de ces quartiers ont perdu, depuis un certain nombre d'années, les deux tiers de leur valeur intrinsèque et que les non-valeurs y sont fréquentes.

Nous avons toute confiance dans la sollicitude de notre administration municipale et concevons l'espoir qu'elle n'hésitera pas à choisir dans son sein une commission spéciale chargée d'étudier pour faire disparaître ou mitiger du moins ces divers griefs. Autrement, je tremblerais en pensant que les habitants de la ville basse pourraient, dans un moment d'exaspération, livrer l'assaut aux quartiers de la haute ville et nous traiter en vaincus !! Redoutons de voir dans nos murs comme à Vérone, les dissensions haineuses des Capulet et des Montaigu.

26 septembre 1864.

FRESQUE DE L'ÉGLISE DE MESLAY-LE-GRENET.

FRESQUES DU XIIIe SIÈCLE

A Meslay-le-Grenet.

> Du pensez-vous cy fault entendre,
> Tantost aurez la bouche close,
> Homme n'est fort que vent et cendre,
> Vie domme est moult peu de chose.

Une découverte archéologique et artistique d'une certaine importance vient d'être faite dans la modeste église de Meslay-le-Grenet (canton d'Illiers). M. Bezard, desservant de cette paroisse, en faisant opérer un grattage de vieux badigeon dans son église, distingua de distance en distance des fragments de personnages qui semblaient être peints sur les murs de l'édifice et faisant partie de l'enduit. En ayant été avisé, le 4 du courant, par l'intermédiaire de M. Ch. Besnard, chargé de demander notre avis sur les sujets représentés, après quelques détails que nous fournit M. Besnard, nous pensâmes que ce devait être une *Danse Macabre* ou *Triomphe de la Mort*, qui avait été peinte à fresque en ce lieu. Quoique ce sujet ait été reproduit fréquemment aux XVe et XVIe siècles, nous ne connaissons que quatre églises en France où il en existe encore des fragments plus ou moins complets. Le plus célèbre est celui de la Chaise-Dieu, dans le département de la Haute-Loire.

Dès le lendemain, en compagnie de M. A. de St-Laumer et de M. Famin, nous allâmes visiter cette découverte; c'était bien en effet une suite de groupes de la *Danse Macabre* qui se trouvait mise à jour. Cette vaste composition se développe sur une longueur de seize mètres ! Les personnages portent 1 m. 40 c. de hauteur, et au bas de chacun des groupes est un huitain en rimes françaises écrit en lettres gothiques.

Lors de cette première visite, le badigeon du chœur et du sanctuaire n'était pas encore enlevé, mais on apercevait quelques traces de peinture. Nous y retournâmes hier, assisté de M. C. Marcille, si expert en ce genre d'œuvres d'art, et nous eûmes la satisfaction de voir que le badigeon du chœur totalement enlevé, laissait à découvert trois scènes de la Passion du Sauveur. *La Crucifixion, La Descente de Croix* et peut-être *Les Saintes femmes au tombeau* ?

Toutes ces peintures ont dû être exécutées vers la fin du XVe siècle et par un artiste d'un certain mérite. Les poses sont bonnes, malgré la naïveté d'expression des personnages, et le travail indique une main assez habile.

Toutes les mesures de précaution devront être prises pour nous conserver et restaurer, s'il y a lieu, ces précieux restes de peintures à fresque, tant pour la rareté des sujets représentés que comme spécimen de l'art à cette époque. Nous pensons qu'il est du devoir de la *Société Archéologique d'Eure-et-Loir* de décrire et de faire reproduire par le dessin cette trouvaille artistique, qui, nous n'en doutons pas, lorsque cette nouvelle sera répandue dans le monde savant, attirera à Meslay-le-Grenet, un concours de touristes et d'artistes, pour examiner ces peintures qui se développent sur une longueur totale de 22 mètres et occupe une surface d'environ 90 mètres !!!

Dans cette surface nous comprenons d'autres peintures peu visibles existant au-dessus de la *Danse Macabre;* par l'ensemble des lignes, on pourrait presque affirmer qu'elles auraient rapport à la légende des *Trois-Vifs et des Trois-Morts;* mais cette assertion est à vérifier.

Nous croyons qu'il est de l'intérêt de MM. les Desservants, lorsqu'ils feront enlever des murs de leur église d'anciennes couches de badigeon, de se bien rendre compte s'il n'existerait pas sous les dernières couches des restes d'anciennes fresques. Ces sortes de peintures étaient au moyen-âge, et devraient encore aujourd'hui, être les seules décorations de nos églises. Elles remplaceraient avec avantage ces tableaux de pacotille qui sont trop souvent appendus aux murailles du sanctuaire et qui produisent de si disgracieux effets, tant pour l'harmonie de la lumière que pour l'ensemble des lignes architecturales.

> Vous qui vivez oyeusement,
> Ou jeune ou vieux vous danserez;
> Quand ce jour viendra promptement,
> Pensez à ce que vous ferez.

12 octobre 1864.

UN ILLUSTRE INCONNU CHARTRAIN.

> « L'inconnu est infini. »
> LEIBNITZ.

Chaque ancienne province, chaque département, aime à signaler les noms des hommes auxquels il a donné naissance, qui par leur bravoure, leurs vertus ou leurs talents, lui ont fait honneur ; il semblerait que chacun des habitants de la ville ou du hameau eût acquis le droit personnel d'être glorieux de ces illustrations qu'il compte au nombre de ses concitoyens.

Grâce aux recherches incessantes qui se font dans les anciens registres d'état-civil des

paroisses, chaque jour on découvre les noms
de personnages qui ont brillé par leur savoir
ou joui d'une certaine considération à leur
époque, mais qui depuis, sont restés ensevelis
dans un oubli complet.

C'est peut-être avec raison que l'on s'est
plaint du laconisme désespérant dont on
usait pendant les XVIe et XVIIe siècles, pour
constater les naissances, mariages et décès
des paroissiens, dans les seuls registres alors
en usage ; là est certainemnt la cause des
étranges confusions de personnes et de familles que l'on rencontre dans nos biographies modernes.

Afin de prouver le fait que nous signalons,
nous allons reproduire quelques-uns des actes d'état-civil de personnages notables de
notre ville, lesquels sont d'une brièveté déso-
lante pour le *chercheur* ; nous les prenons au
hasard dans les registres de la paroisse St-
Saturnin de Chartres ; puis nous signalerons
ensuite notre illustre concitoyen inconnu
dont il est question.

« Katherin *Parmentier*, docteur en Théolo-
» logie, chanoine de Chartres, fut inhumé en
» l'église de Saint-Saturny, le lundi 3e jour
» d'Aoust 1573.

« Philippe *Hotot*, imprimeur, décéda de
» peste, le 5e de juillet 1583.

« Richard *Cotereau*, libraire (décéda) le
» XXV novembre 1583.

« Me Martin *Beauniez*, prebstre ; premier
» régent du collége de Pocquet, décéda à
» unze heures du matin, le jour de Ste-Anne
» (28 juillet 1584).

« Me Radulphe *Boutheraye*, advocat au
» Grand-Conseil, et *Marie*, fille de feu Gillot,
» sergent royal (mariés) le XVII octobre
» 1588 (1). »

D'après ces quelques spécimens on comprend l'aridité des recherches biographiques,
pour la filiation des familles. Il est bon d'être
bref en toutes choses, mais il faut être au
moins compréhensible.

Pour revenir à l'objet de cet article, nous
allons copier *in-extenso* l'acte de décès (lequel
ne sera pas cette fois taxé de laconisme) d'un
jeune savant chartrain né sur la paroisse de
Saint-Brice, et que nous avons trouvé assez

(1) C'est Raoul Boutherais, né à Châteaudun en
1552, célèbre avocat, et auteur de plusieurs ouvrages écrits en latin.

intéressant pour être reproduit. L'on y voit comment le curé de cette paroisse tenait en estime ce jeune homme, et lui reconnaissait un talent précoce et supérieur. Lors de son décès, il avait vingt ans et était encore assis sur les bancs du collége Pocquet, à Chartres. Il est vrai qu'on ne comptait pas alors comme de nos jours, des bacheliers ès-lettres ou ès-sciences, âgés de seize ans. Si, à cette époque, les élèves avaient moins de connaissances variées et superficielles, ils étaient plus forts en thèmes et en grammaire, lors des examens.

Voici l'acte qui nous a révélé ce jeune prodige !

« Le Samedy, vingt-huict du mois d'Avril
» de l'année mil sept cent trente un, par
» nous prestre Curé de cette paroisse de
» Saint-Brice, soussigné, a esté inhumé au
» chœur de nostre église, à l'entrée du costé
» droit, le corps de deffunct honorable jeune
» homme Mathurin Loreau, en son vivant
» estudiant les Belles-Lettres, au collége
» Roïal de Chartres, dans la classe des hu-
» manitez, où il estoit à sa mort, le second,
» avec la récompense du livre de l'*Instruc-*

» *tion de la Jeunesse* (1), autrefois composé
» par Monsieur Maistre Charles Gobinet ,
» principal du Collège du Plessis à Paris (2) ;
» Et que Monsieur son Régent lui avait
» donné en prix, comme témoignage de son
» avancement et de son émulation, qui ont
» esté d'ailleurs reconnus , par plusieurs
» autres prix qu'il avoit remportez dans ses
» autres classes, et que Monseigneur l'Il-
» lustrissime et Révérendissime Evesque de
» Chartres, lui a accordez, marquez de ses
» armes, *Frequenti Theatro* (3). Ledit Mathu-
» rin Loreau, fils d'Ellies Loreau, vigneron

(1) Ouvrage estimé et qui servit pendant longtemps dans les écoles pour la lecture. Ce livre
eut un nombre considérable d'éditions, la première est de 1655. Il y en eut quinze de 1830 à
1848 !!!

(2) Sous le n° 42, il existe au Musée de Chartres
un très-beau portrait de *Ch. Gobinet*, peint par
Largillière. Son neveu, *Jean Gobinet*, docteur en
Sorbonne, lui succéda au Collége du Plessis, puis
il vint à Chartres en 1695, il fut chanoine et chantre du Chapitre de Chartres, il décéda en 1723.

(3) Avant 1790, l'Evêque de Chartres payait le
second professeur de philosophie du Collége, et
faisait les frais des premiers Prix distribués aux
élèves. Ces livres étaient reliés en veau et portaient
sur les plats ses armoiries dorées.

» à Saint-Martin-au-Val , et à l'article ci-
» dessus Vincente Serine (1) , ses père et
» mère ; ledit Mathurin Loreau décédé au-
» jourd'hui, à l'aage de vingt ans, après
» avoir receu les Sacrements d'Eucharistie
» en viatique, de Pœnitence et d'Extrême-
» Onction. Cette inhumation faitte en pré-
» sence dudit Ellie Loreau son père, d'Ellies
» Loreau le jeune son frère, de Pierre Lo-
» reau et Louis Menu, ses oncles ; Michel
» Sernier, aussi son oncle, de Pierre et Che-
» ron les Loreaux , ses cousins-germains ;
» Lesquels ont signé le présent, à la réserve
» desdits Ellies Loreau père et Louis Menu,
» qui ont déclaré ne sçavoir signé, de ce que
» suivant l'ordonnance. »

» *Elies* Laureau , Salmon , curé d'Auneau,
» *Pierre* Laureau , *Pierre-Nicolas* Laureau,
» *Cheron* Laureau.

» E. Bouvet, curé. »

(1) Sur le même registre et avant l'acte de décès de Mathurin Loreau, et du même jour, se
trouve porté l'acte de décès de sa mère, âgée de
56 ans ; laquelle est déclarée être morte subite-
ment. Il est à présumer que ce serait la mort de
son fils qui en serait la cause !

Si nous devions juger de la position sociale ou du talent des gens , par le plus ou moins ample libellé de leurs actes d'état civil, il faudrait croire que le jeune Loreau , fils d'un simple vigneron du faubourg Saint-Brice de Chartres , était tenu en grande estime dans l'esprit du curé de sa paroisse , d'après la mention consignée dans son acte de décès, et l'honneur insigne qu'il lui conféra en le faisant inhumer dans le chœur de son église.

Il est à présumer que ce jeune étudiant aurait bien autrement illustré son pays si la mort ne fût pas venue prématurément le moissonner au moment où il terminait son éducation. Cette page apologétique du curé , dans son naïf enthousiasme , vaut mieux pour la mémoire du défunt , qu'un riche mausolée de marbre, dont il ne resterait aujourd'hui aucuns fragments !

Si notre Collège possédait un *Livre d'honneur* où l'on eût inscrit, depuis son origine, les noms des élèves qui se sont distingués par leur intelligence hors ligne et leurs talents précoces, *Mathurin* Loreau , l'élève du Collège Pocquet, aurait son nom parmi les premiers, en tête de cette pléiade de jeunes

élèves savants, dont plusieurs ont obtenu
de si brillants succès universitaires, et parmi lesquels notre cité s'enorgueillit de signaler les élèves *Greslou*, *Doullay*, *Billard
Saint-Laumer*, *Guillard-Cherville*, *Ledreux*,
Vangeon, *Leviez*, *Perrault*, etc., etc. Ces
noms devraient être gravés sur une table
de marbre posée au milieu de la salle d'é-
tude de notre Collége, qui fut témoin des
luttes classiques dans lesquelles ces jeunes
savants ont remporté de nombreux succès
dus à leur rare intelligence ainsi qu'à un
travail assidu et opiniâtre. Il nous semble
qu'un pareil monument érigé en l'honneur
de ces anciens lauréats de nos concours
littéraires, serait certainement un encoura-
gement pour les élèves à venir, qui se sen-
tiraient piqués de zèle et d'émulation, à
mériter l'insigne faveur de voir leurs noms
burinés en lettres d'or sur ce *Répertoire d'honneur*.

22 décembre 1864.

—

UN ARTISTE NOGENTAIS.

—

> « A beau mentir qui vient de loin. »
> *(Prov. français.)*

Au mois de décembre dernier, le *Figaro* racontait à ses lecteurs un épisode de la vie artistique d'un enfant de notre département, scène qui aurait eu lieu en 1859, lors de la campagne d'Italie, au combat de Palestro, et cela à la plus grande gloire de L. Moullin, artiste né à Nogent-le-Rotrou, lequel, après avoir fait ses études au collége de cette ville, se lança dans le monde des arts. Il reçut les premières leçons de dessin de Bayot, artiste d'un certain mérite comme dessinateur-lithographe, professeur au collége de Nogent-le-Rotrou; puis, Mme Schmitt, artiste peintre de la même ville lui donna des conseils pour la peinture. Notre jeune rapin commença ses travaux d'art en ornant de modestes églises de village de ses œuvres; il fit pour l'église Notre-Dame, de Nogent, le tableau du maître-autel représentant *la Cène,* œuvre qui lui fut payée 1,500 fr.

En 1848, il peignit pour décorer la salle de l'Hôtel-de-Ville une Liberté aux bras nus, à l'air martial et audacieux. Mais bientôt ce genre de décoration n'étant plus de mode, le tableau fut relégué dans l'ombre. L. Moullin avait également essayé ses forces et montré son talent, en faisant les *portraictures* des nobles châtelaines des environs, puis son crayon reproduisit par la lithographie quelques monuments du pays. Il occupa ensuite comme professeur la classe de dessin au Collége de Nogent, de 1848 à 1853. En province, l'art mène rarement à la fortune ; ce fut en partie la raison qui décida notre artiste percheron à aller se fixer à Paris, pour y faire valoir son talent et étudier à l'école des grands maîtres. Mais dans cette ville, le génie n'est pas rare et les débuts d'un obscur provincial sont toujours difficiles.

Lors des visites annuelles de Mme la princesse d'Essling chez sa sœur Mme la comtesse de Souancé, à Montdoucet, Moullin lui fut vivement recommandé et elle lui facilita son admission dans les résidences impériales; ce qui procura à notre Artiste, d'entrer facilement en relations avec les Journaux illustrés. Là, il se mit à la besogne avec ardeur et courage, et enfin il parvint à se faire connaître et à arriver, comme *Dessinateur de circonstance*, au journal le *Monde illustré*.

L'artiste qui occupe cet emploi ressemble au soldat en campagne; il ignore où demain il déjeûnera et pourra prendre son gîte; sa valise est toujours prête pour parcourir la France ou voyager à l'étranger; car s'il s'agit d'inaugurations de statues, de chemins de fer, de concours régionaux, d'inondations ou de batailles, son crayon est indispensable, et il faut obéir sans délai aux ordres de son directeur, attendu que le journal illustré doit représenter dans la huitaine l'événement récemment accompli à Londres, à Rome ou à Alger. Voilà le poste artistique et cosmopolite que L. Moul-

lin occupe, et à propos de cette fonction,
nous allons raconter l'anecdote suivante
que nous croyons tenir de bonne source,
quoiqu'elle diffère en plusieurs points du
récit du *Figaro*.

Il y a huit jours, je me trouvais à la
gare de Montparnasse, à Paris, attendant
l'heure du train qui devait me ramener à
Chartres. Dans la salle de départ, je rencon-
trai un zouave du 3e régiment, mais un
véritable type de zouave, au visage mâle
et bronzé par le soleil, ayant le regard plein
de feu ; il portait les galons de caporal, et
sa poitrine était ornée de la médaille d'Italie. Il était comme moi ennuyé d'attendre,
et formulait dans son impatience certains
jurons énergiques. Dans l'espérance du signal
du départ, quoi de mieux à faire que de nouer
quelque entretien ? Il faut avec un ma-
quignon parler de chevaux, avec une dame
l'entretenir de colifichets, et avec un soldat
lui demander le récit de ses batailles. Sa
décoration de la médaille d'Italie que je
voyais briller, m'engagea à lui parler de
l'anecdote du *Figaro*, de L. Moullin et du
combat de Palestro, dans lequel je savais
que son régiment avait figuré avec gloire.

Le 3e zouave peut, en effet se vanter d'avoir *embroché* à la baïonnette beaucoup d'Autrichiens. J'ai lu, me dit-il, le récit du *Figaro*, qui n'est pas des plus exacts, et je puis d'autant mieux vous l'assurer que je fus moi-même spectateur de la scène, et que je connais parfaitement le héros de cette aventure; Moullin a été mon professeur de dessin au collége de Nogent, car je suis des environs de cette ville.

Au départ du convoi, je monte avec le zouave dans le même compartiment, désirant connaître au juste les détails de cette histoire. A peine avions-nous pris place côte à côte qu'il commença ainsi : Le 31 mai 1859, jour du combat de Palestro, il faisait chaud de toutes manières ; je fus désigné à mon grand regret, pour rester avec une escouade de ma compagnie, à la garde du camp. Le combat était engagé depuis longtemps, et il se termina pour les nôtres par la victoire. A cet instant, on nous amena un *civil* conduit par deux cavaliers et un brigadier. De suite, je reconnus mon ancien professeur de dessin, lequel ne paraissait nullement effrayé; on le conduisit devant le Prévôt de l'armée, qui, après avoir

visé son passeport et son permis, le renvoya
en liberté.

Ce fut alors que le soir à la cantine il me ra-
conta qu'il avait été envoyé, ainsi que M. Du-
rand-Brager, par le *Monde illustré*, pour reproduire les péripéties des batailles en Italie et
les hauts faits de l'armée française ; il ajou-
ta que le 31 mai au matin, étant aux environs de Palestro, il avait appris qu'un
engagement était inévitable, les Autrichiens
ayant à cœur de reprendre ce village qu'ils
avaient perdu la veille. Il se tint pour bien
averti, et se prépara à l'action..... en faisant
la pointe à ses crayons.

La fusillade commençant, il fallait au plus
vîte se choisir un poste d'observation ; il
devait opter entre deux arbres placés sur le
versant d'un coteau, un peuplier, siége incommode ; il préféra se hisser dans un
pommier qui, par la disposition de son bran-
chage, ressemblait assez à une tonnelle,
et il put se croire un instant transplanté au
milieu du Perche, sur les bords de l'Huisne.
Une fois installé, il se mit à remplir ses
fonctions de dessinateur historiographe ;
de son observatoire, il voyait les deux armées belligérantes se mouvoir en tous sens,

d'immenses colonnes de soldats se développaient jusqu'à l'horizon. L'action s'engagea tout d'abord par une fusillade des plus vives,les balles et les boulets ricochaient jusqu'à une légère distance de notre artiste, ce qui lui était indiqué par les branches d'arbrisseaux qui volaient en éclats sous le coup des projectiles. Les deux armées en présence se rapprochaient à chaque instant de son observatoire ; à cinquante pas de lui, le peuplier dont l'élévation l'avait d'abord engagé à s'y établir, fut coupé à quatre mètres de hauteur du sol par un boulet.

Pendant ce temps de carnage, où les combattants faisaient preuve d'énergie , d'audace et d'héroïsme, le crayon de L. Moullin marchait toujours ; cependant, il faut bien l'avouer, les traits de son dessin avaient moins de hardiesse et de précision que d'habitude : l'émotion, la fumée, la poussière, et puis l'idée de recevoir une balle qui lui eût transpercé le corps étaient autant de motifs qui, sans l'arrêter, lui rendaient le travail plus difficile.

Au même instant, arrive un officier d'ordonnance lancé au grand galop de son cheval, qui lui dit que son général l'avait re-

marqué au moyen de sa longue-vue, et lui
avait donné l'ordre de venir l'inviter à descendre au plus vite de son perchoir, car il
lui semblait qu'un espion pouvait seul occuper un poste aussi périlleux.

Moullin, relevant la tête de dessus son album, lui répondit qu'il travaillait, qu'il ne
faisait de mal à personne, et demanda qu'on
le laissât finir sa besogne ; il lui dit qu'il
n'était pas là pour son agrément, et que
d'ailleurs, il était autorisé et voulait gagner
son argent en conscience, n'ayant pas l'habitude, comme beaucoup de ses confrères,
de faire ses dessins de batailles mollement
assis sur son lit. Pendant ce colloque, les
balles sifflaient dru et si près du pommier
que quelques-unes en touchaient le feuillage.

L'officier impatienté, le somma une dernière fois de descendre, avec menace s'il
n'obéissait instantanément, de le faire em-
poigner et conduire devant le Prévôt.

Laissez-moi, répondit poliment Moullin,
terminer mon croquis, et dans cinq mi-
nutes je vous obéis. L'officier tourna bri-
de, alla rendre compte de sa mission et
faire part à son général de l'obstination de
l'artiste à rester à son poste ; celui-ci donna

ordre d'envoyer de suite un brigadier et deux cavaliers pour conduire ce raisonneur au Prévôt de l'armée, en présence duquel il aurait à s'expliquer.

Au moment où l'escouade arrivait, Moullin, qui venait de descendre du pommier, contemplait en homme satisfait le croquis qu'il venait de terminer. Le brigadier l'interpella assez rudement : « C'est donc vous, » dit-il, monsieur l'obstiné *dessineur*, auquel il faut subséquemment envoyer un » corps d'armée pour vous faire obéir. Allons ! conversion à droite, en avant marche. » et suivez-nous. »

Moullin obéit à ce commandement burlesque et suivit son escorte en souriant.

Ce fut alors qu'en arrivant devant le Prévôt, il entendit chuchotter à ses oreilles. « Ce doit être un espion ; » quelques soldats même parlaient déjà de le passer par les armes.

Moullin entendait tous ces dires d'un air calme et narquois, car il était en paix avec sa conscience, et ces prophètes de malheur ignoraient qu'ils avaient devant les yeux un artiste de mérite ; que l'œuvre qu'il venait d'accomplir, *le Combat de Palestro*, serait admiré de cent mille curieux et qu'il était appelé à témoigner à l'Europe entière, de la valeur audacieuse des zouaves français. Après une légère admonestation sur son manque d'obéissance aux ordres militaires, le dessinateur Nogentais eut le loisir de continuer à retracer les hauts faits et les autres batailles de la rapide et glorieuse campagne d'Italie.

Ce récit m'avait vivement ému et intéressé; aussi je remerciai le caporal des zouaves, et je lui fis remarquer que souvent, parmi les artistes, on rencontrait autant de courage et d'abnégation que parmi les soldats; pour le convaincre, je lui racontai comment Joseph Vernet, le bisaïeul d'Horace Vernet, se rendant en France, s'embarqua à Livourne pour Marseille sur une petite felouque, et comment dans cette traversée il s'éleva une violente tempête menaçant de l'engloutir à chaque instant dans les flots. Vernet, enthousiasmé de l'horreur grandiose de cette scène, se fit attacher au mât du navire; au moment où chacun implorait le secours de la Providence, lui était en admiration et heureux d'avoir une si belle occasion de représenter au naturel une tempête en mer.

Tout le monde sait comment un de nos peintres de bataille actuel, Alex. Protais, accompagnant l'armée de Crimée, à la suite du général Bosquet, au moment d'une attaque par l'armée russe, vint en aide au général qui avait à expédier tous ses officiers d'état-major sur divers points. L'ennemi manœuvrait pour anéantir un de nos bataillons, lorsque Protais qui, en ce moment, à cheval, faisait du pastel sur son album pour reproduire des effets de fumée et d'horizon, vit le général Bosquet embarrassé pour transmettre ses ordres, ce dernier s'offrit à lui servir d'aide-de-camp. Alors vu l'urgence et peut-être aussi pour mettre le courage du peintre à l'épreuve, le général ne balança pas à l'accepter. L'artiste n'écoutant que son courage, courut de toute la vitesse de son cheval porter l'ordre de marche au commandant du bataillon menacé par l'ennemi, et cela à travers les balles et les boulets, au point que la monture semblait plus effrayée que le cavalier. Ce fut ainsi que le bataillon fut sauvé.

Notre caporal comprit que parmi les rapins, tout aussi bien que parmi les zouaves, il se trouve des hommes remplis de dévouement à leur art et pleins de courage sur un champ de bataille.

Le train étant arrivé à Chartres on se sépa-

ra non sans se serrer mutuellement la main
et se disant au revoir !

22 janvier 1865.

—

UNE PROMENADE PUBLIQUE

A Chartres.

———

> L'homme s'agite et souvent
> le hasard le conduit.
>
> (PASCAL.)

Chartres, comme la plupart des grandes villes, désire se transformer et s'embellir, tant en dedans qu'en dehors de ses murs, sacrifiant en cela autant à l'engouement de notre époque, qu'au vœu si légitime de contribuer à la distraction de ses habitants. Certaines gens voudraient voir toutes ses rues alignées et spacieuses comme celles des villes de Nancy, Vitry-le-François, Rennes,

Châteaudun, etc., ce qu'il est impossible d'espérer à moins d'un grand sinistre! Redresser et élargir amplement les artères principales du vieux Chartres serait, il me semble, une prétention assez raisonnable et au moins réalisable, sans penser à le perforer d'une extrémité à l'autre par de nouvelles voies.

Mais, pour ce qui regarde les innovations extra-muros, il s'agit de se rendre compte des moyens imaginés et des avantages généraux qui en résulteraient pour la cité. Ainsi, il serait question pour arriver aux Grands-Prés, centre de promenade récemment proposé, de créer une vaste et large avenue, qui partirait de la place Drouaise à travers un grand nombre de propriétés bâties, laquelle avenue, quoique très-coûteuse à établir, attendu le chiffre énorme du prix des expropriations, formerait une ligne disgracieusement brisée dans son parcours; longue de 600 mètres et large de 15!

Jusqu'à ce jour, les Grands-Prés n'ont jamais été beaucoup fréquentés, vu leur éloignement du centre de la ville, et nous ne pensons pas que la disposition de cette voie nouvelle, soit susceptible de contribuer au

succès de la promenade susdite. Une des
causes alléguée en sa faveur, serait le Jardin
de la *Société d'Horticulture*, qui n'est cependant possédé qu'à titre provisoire de location par cette Société; or, ce jardin se trouve
justement situé à l'extrémité de cette nouvelle avenue démesurément longue et ennuyeuse, au fond d'un val et bordée de chaque côté de murs de jardins. Nous pouvons
affirmer qu'il n'y a pas d'espérance de voir
cette voie s'embellir d'habitations, attendu
que l'endroit est trop solitaire. Puis le promeneur chartrain, de son naturel est casanier; nos verdoyants boulevards seraient
à peine fréquentés, n'étaient nos vieux rentiers qui, semblables à l'écureuil, font plusieurs fois le jour, le circuit de cette cage de
verdure appelée le *Tour de-Ville*.

Donnons-nous la peine de porter notre
pensée vers les villes qui sont dotées de magnifiques promenades ou jardins publics.
Ainsi, jetons un coup-d'œil sur le *Jard*, de
Châlons-sur-Marne, le *Parc*, de Nancy, l'*Esplanade*, de Metz, le *Chamars*, de Besançon, etc, etc.; enfin examinons toutes les
villes de l'Est de la France et tâchons de les
imiter; mais gardons-nous de nous livrer

sans mûres réflexions à des innovations souvent ruineuses et susceptibles d'inspirer d'irréparables regrets. Or, la première condition à remplir pour atteindre le but désiré, c'est que les promenades d'une cité soient très rapprochées du centre de la population et joignent les murs d'enceinte, afin qu'elles puissent être fréquentées de tous et à tous les instants.

Jetons un regard rétrospectif sur les endroits que nos pères hantaient anciennement; nous signalerons en premier lieu les *Petits-Prés*, « où ils avaient droit de s'esbattre, courir et tirer de l'arc (1). » Mais c'était la *Courtille* qui jouissait de la plus grande vogue, aussi cet endroit délicieux a-t-il inspiré la muse de Claude Rabet, poète chartrain du XVIe siècle, puisqu'il dit dans ses vers :

« Mon Symon, quittons la ville
» Et courons vers la Courtille

(1) Voyez le dossier de l'enquête relative aux Petits-Prés, pour une délibération du Conseil municipal de Chartres, du 26 septembre 1864: où nous avons consigné un cahier d'observations historiques, contenant 18 pages et quatre plans à l'appui.

» Prendre nos plaisants ébats, etc.

. . . .

« O qu'autrefois j'ai prins d esbat vers ta Courtille,
» En voyant aborder les troupes à la file
» De ton peuple gaillard, qui là, pour s'esjouir,
» De ton Eure accouroit le doux murmure ouïr ! (1)

Au XVIIe siècle, tout près du Pont-d'Inde, était le *Jardin Royal*, c'est en ce lieu que Henri IV fit établir des pépinières pour la propagation du mûrier dans notre contrée (2). Quelques grands jardins ou vergers existaient sans doute, à la Barre-des Prés; mais ils ne jouissaient pas de la plus grande renommée. On citait en ce lieu le *Paradis*, le *Purgatoire*, l'*Enfer*, la *Folie*, *Vaujoli* et *Beaurepaire* ; mais leur éloignement de la ville et l'humidité du sol, ainsi que l'exposition au vent du nord, leur faisaient perdre de leur considération.

Les centres de réunion les plus estimés

(1) Voy. *Mém. de la Société Archéologique d'Eure-et-Loir*, t. III, p. 64 et 72, pour la description de ce lieu enchanté.

(2) Edit de Henri IV du 21 juillet 1602, qui prescrit de planter des mûriers dans les campagnes auprès des grandes villes, afin de faciliter l'éducation des vers à soie. Les plantations disparurent après la révocation de l'édit de Nantes.

étaient le *Jardin de l'Evêque*, le *Puits-Perray* et la *Motte-Grenet*. Ces derniers étaient situés sur le cours d'eau du Moulin-à-tan. Puis se voyaient les jardins de la *Courtille*, de *Mon-Plaisir*, *Mon-Désir* et la *Perrotière*. Ceux-ci situés sur la rive gauche de l'Eure, et aux abords du pont de la Courtille, étaient surtout célèbres entre tous; en second lieu, on signalait le long de la rue Fanière, aux Bas-Bourgs, jusqu'au Pré-aux-Bœufs, une suite de jardins d'agrément.

Eh bien ! je me permettrai de croire et de dire ; qu'en l'an 1865, les petits-fils des vieux Chartrains, devraient encore songer à imiter leurs aïeux, c'est à dire, à créer un lieu de promenade et de délassement, là où leurs ancêtres se sont ébattus. Les propriétés maraîchères contenues entre la rivière d'Eure et la rue Fanière, aux Bas-Bourgs, seraient assez spacieuses pour répondre à ce but. On pourrait au moyen d'un passage qui se relierait à la route, vis-à-vis le bas du boulevard de la Courtille, établir un vaste jardin de plaisance capable de satisfaire le goût des amateurs chartrains les plus difficiles.

Nous osons encore indiquer comme étant très-propre à être transformée en promenade publique, une portion, soit de l'ancien *jardin de l'Evêque*, soit une portion du *Puits-Perray*. à laquelle on pourrait adjoindre une quantité quelconque du terrain actuellement livré à la culture des céréales, et faisant anciennement partie du *Clos l'Evêque* ; l'abord en serait des plus faciles par un passage près du Moulin-à-tan, et qui se trouverait à proximité des boulevards, puisqu'il n'y aurait que la rue des Fossés-Guillaume à franchir pour y arriver (1).

L'on pourrait, par une transformation successive et peu coûteuse, soit sur l'emplacement des Bas-Bourgs, soit sur celui des terrains avoisinant le Moulin-à-tan, créer une promenade charmante d'aspect et délicieuse de fraîcheur, puisque, dans les deux cas, le cours d'eau qui les arrose pourrait être utilisé de la manière la plus pittoresque (2). Si à

(1) Il eût été préférable que l'*Hôtel-Dieu* qui se construit actuellement au Pavé de Bonneval eut occupé ces portions de terrains ; les malades auraient été dans une situation plus agréable et plus hygiénique, et cet établissement aurait été plus au centre de la classe indigente.

(2) La *Motte-Grenet*, à laquelle on aurait adjoint l'ancien *Jardin-Royal*, eut été également un lieu

l'imitation des villes de Strasbourg, Colmar, Metz, Nancy, Besançon, etc., l'on construisait au centre d'un quinconce d'arbres, un kiosque, élevé de deux mètres au-dessus du sol, pour y placer les musiciens de la garnison qui, chaque jeudi et chaque dimanche, attirent en tout temps, une foule si nombreuse au *Café de la Pituite* sur la butte des Charbonniers; lequel rendez-vous est des plus défavorables pour la société chartraine, puisque l'on y grille en été et que l'on y frissonne au printemps et à l'automne. Nous osons prédire un succès inouï en cas d'adoption à une innovation de ce genre.

Dans une portion de ces terrains, qui seraient achetés par la ville, la Société d'Horticulture pourrait acquérir à ses frais l'espace convenable, pour y établir son jardin horticole et botanique. Remarquons que ce jardin serait à 20 mètres des boulevards chartrains et au milieu d'un paysage riant et pittoresque.

Les propriétés que nous venons de désigner ne sont pas d'une valeur extraordinaire; leur prix de location en fait foi. Nous osons

convenable pour un jardin public; mais le voisinage de l'Usine à gaz, qui est limitrophe de ces propriétés, y forme empêchement.

donc penser que leurs propriétaires se fe-
raient un plaisir et un devoir de les céder à
notre administration, à un prix acceptable.
Nous avons tout lieu de croire également
que ces acquisitions ne seraient pas plus
onéreuses à l'administration, que la grosse
somme qu'il s'agirait de débourser pour acquérir la multitude de propriétés situées sur
le parcours de la place Drouaise, jusqu'aux
Grands-Prés, et créer ainsi une nouvelle voie
se prolongeant dans une longueur démesu-
rée. Il serait à notre avis bien plus raisonnable de laisser dans l'état actuel la rue de
la Barre-des-Prés, en ayant soin toutefois de
rétablir ce qui existait anciennement aux
Grands-Prés, c'est-à-dire trois spacieuses avenues plantées d'arbres, jusqu'au pont de l'*Ave-
Maria* ; le surplus du terrain à droite et à
gauche pourrait être aliéné ; par cette combi-
naison le prix de vente aiderait à l'acquisition de la nouvelle promenade à établir.

Souvenons-nous que la ville de Blois possède des promenades publiques extra-muros
d'une grande magnificence, telles que celles
des Ponts-Chartrains, des avenues de St-Ger-
vais, etc. Souvenons-nous aussi, que la ville
d'Orléans en reportant son Jardin des Plantes

vers St-Privé, à fait également une regretta-
ble opération, car dans ce jardin, comme aux
promenades de Blois, le public se fait remarquer par son absence ; attendu leur éloignement de la ville, qui cependant n'est pas
plus considérable que celui de nos Grands-
Prés. Nous aurions à craindre de la part de
nos Chartrains, après une grande dépense
faite, une égale répugnance à parcourir à
titre de distraction près de deux kilomètres
en partant du centre de la ville ; et en n'ayant
guère d'autre perspective que deux lignes de
murs arides, avant d'apercevoir la verdure
de la prairie.

A Chartres les équipages sont fort rares, les
Gentlemen riders inconnus, l'on a toujours
conservé la vieille et salutaire habitude de se
promener pédestrement. Cependant nous devons avouer en terminant, que nous ignorons les améliorations dont ce projet est
susceptible. Nous n'oserions pas assurer que
dans l'intention peut-être d'imiter la capitale
en toutes choses, on ne voulût pour amener
les promeneurs aux Grands-Prés, établir un
chemin de fer plus ou moins Américain,
ayant sa tête de ligne sur la place des Epars,
et à l'instar de ceux d'Auteuil ou de Vin-

cennes. Le Chartrain est long dans ses réflexions et dans ses projets. Mais a dit le proverbe : *Rien n'est tel qu'un poltron échauffé*.
Ayons confiance dans notre administration
municipale : attendons et espérons.

10 mars 1865.

AQUEDUC GALLO-ROMAIN

A Chartres.

La Société archéologique d'Eure-et-Loir a déjà publié dans le tome Ier de sa *Statistique archéologique*, p. 277, un travail très-intéressant sur les anciens aqueducs que les Romains avaient construits dans les environs de notre cité, pour y amener l'eau en abondance et par une pente naturelle jusque dans la haute ville. Pour cet effet, deux prises d'eau avaient lieu, l'une à Houdouenne, commune de Ver, qui conduisait l'eau au faubourg la Grappe ; la seconde existait entre le moulin du Bois et le moulin du Pré, sise entre Landelles et Pontgouin ; un aqueduc de grande dimension, après avoir passé par Chuisnes, Courville, Fleurfontaine, Flonville, Chazay, Saint-Aubin-des-Bois, Amilly, la Barre de Lucé, abordait la commune de Chartres à Nicochet, et après un parcours de 29 kilomètres, il donnait son dernier point visible dans la cave de M. Gougis-Bigeault, située à l'angle de la rue de Nicochet, sur la route d'Illiers. De cet endroit, quoique divers tronçons aient été rencontrés dans l'intérieur de la ville de Chartres, l'on n'avait aucune donnée sur les points par lesquels cet aqueduc devait franchir le faubourg des Epars.

Hier, un heureux hasard a mis à découvert un tronçon de ce canal souterrain dans une maison nouvellement acquise par M. Sevin, entrepreneur à Chartres, habitée ci-devant par M. Bidault, rue du Grand-Faubourg, n° 58, section S du cadastre, n° 472. C'est en fouillant une cave dans un ancien bâtiment qu'est apparu le radier, ainsi que les pieds droits en béton de cette construction antique ; tout le sommet, sur une hauteur de plus d'un mètre, était détruit, et il

semble que depuis un plant de vigne a dû
exister dans cet endroit, ce qui expliquerait
cette destruction, puisque le sommet de
la voûte n'était qu'à une profondeur de 30
centimètres seulement du niveau actuel du
sol.

Cette découverte est intéressante, en ce
qu'elle nous fixe d'une manière exacte sur
le parcours suivi par cet aqueduc pour entrer dans la ville de Chartres. Car si, partant de la maison de M. Gougis-Bigeault,
nous traçons une ligne droite vers la maison
acquise par M. Sevin, puis, qu'au-delà nous
poursuivions cette même ligne, nous passe-
rons à l'angle de la rue du Chapeau-Rouge,
rue d'Amilly, puis à l'angle de la rue de la
Tuilerie, près le Marché-aux-Chevaux, pour
arriver sur la place Châtelet, à l'extrémité
de la rue du Bœuf-Couronné. Parvenu à ce
point, il est ensuite facile de faire concor-
der et de relier cet aqueduc avec les divers
tronçons antérieurement découverts dans
notre ville.

20 juillet 1866.

JEHAN ROTROU

**Né à Dreux le 19 août 1609, et décédé, en cette
ville, le 27 juin 1650.**

> Il est doux d'avoir à célébrer à
> la fois de beaux ouvrages et de
> belles actions.
>
> (Picard.)

Notre siècle sera signalé, entre tous, pour
l'engouement que met chaque localité à élever une statue à l'enfant qu'elle a vu naître.
Dans ce genre de glorification toutes les
classes de la société sont représentées, ce
qui est juste et naturel, puisque de chacune
d'elles sont sortis des prodiges dans les

sciences et les arts tout aussi bien qu'en fait de dévouement patriotique.

C'est dimanche prochain 30 juin que Dreux, grâce à la générosité d'un de ses concitoyens, verra s'élever sur une de ses places, une statue en bronze destinée à immortaliser Jehan Rotrou, le poète tragique et le magistrat dévoué à sa ville natale.

La biographie de Rotrou, quoique successivement écrite par un grand nombre d'auteurs, laisse beaucoup à désirer. Quelles furent sa famille et son origine ? Quelle fut la jeunesse poétique et dissipée de cet enfant de Dreux ? En quel lieu est conservée la lettre autographe ou authentique, qui constaterait son grand acte de civisme et de dévouement ? A ces diverses demandes nous n'avons à opposer que quelques anecdotes, pour la plupart apocryphes, et une sorte de tradition, plus ou moins erronée (1).

Ayant souvent entendu raconter que Rotrou, le poète tragique, était, du côté maternel, considéré comme Chartrain, nous

(1) A **Dreux,** cinq maisons différentes revendiquent l'honneur d'avoir été le berceau du poète. (Voy. *Documents historiques sur le comté et la ville de Dreux,* par E. Lefèvre. p. 391.)

n'étions pas du tout satisfait de l'acte de
naissance reproduit par les biographies qui
nomment sa mère Elisabeth *Le Factieu*, nom
inconnu à Chartres. Voulant poursuivre nos
investigations, nous nous sommes adressé,
il y a un an, à un Druide, ami de son pays,
M. Job, que nous avons prié de vouloir bien
nous calquer l'acte de naissance du poète,
ce qu'il exécuta avec beaucoup de complaisance, et à notre entière satisfaction. Cet
acte, tout à fait inédit, est mal écrit et difficile à lire. Il est extrait des registres de la
paroisse de Saint-Pierre de Dreux. Nous l'a-
vons déchiffré et l'avons reproduit ainsi
qu'il suit :

Du vendredy xxi aoust 1609.

*JEHAN, filz de honorable homme, Jehan Rotrou, bourgeois de Dreux, et dame Ysabot Facheu, ses père et mère, tenu sur les saints
fonds de baptesme, par noble homme Nicolas
Eyenault, maréchal des logis de la Royne, qui
a donné et impozé le nom, et honorable homme
Guilmin Rotrou aussi bourgeois dudit Dreux* (1).

(1) Cet usage de donner deux parrains et une
marraine à un garçon, et un parrain et deux

Marye Facheu, fille de honorable homme Me Jacques Facheu, Grenetier au Magazin à sel de Chartres et baptizé par moy.

DAGRON.

Pour nous, il est certain que la mère de Rotrou était de Chartres, et qu'elle serait née, le 24 mai 1587, sur la paroisse de Saint-André, de Me Jacques Facheu, marchand Grenetier, et de Barbe Frérot, et que la marraine de Jehan Rotrou, Marye Facheu, était une tante de l'enfant, lequel serait né le 19 août, mais baptisé seulement le 21, attendu l'éloignement des parrain et marraine, puisque Nicolas Esnault, époux de Anne Languet, demeurait également à Chartres (1).

Quant à la famille des Rotrou, nous pourrions peut-être avoir raison de dire qu'elle était également d'origine chartraine, mais que, vers le milieu du XVIe siècle, plusieurs de ses membres émigrèrent, en partie, à Dreux, pour y remplir des fonctions. La fa-

marraines à une fille, persista dans le diocèse de Chartres jusqu'au mois de décembre 1609, date où il fut supprimé par un mandement de l'évêque.

(1) *Regist. des Ech.*, 5 janvier 1607.

mille Facheu se composait de drapiers et surtout de teinturiers renommés, que nous trouvons, ensuite, associés avec les Rotrou, employés dans les fermes des Gabelles et octrois de Chartres (1), où ils eurent d'assez graves démêlés, au sujet des impositions. Mais loin de nous l'intention de vouloir revendiquer pour notre ville, au détriment de celle de Dreux, l'honneur d'avoir donné naissance à Jehan Rotrou.

Nous avons sous les yeux une lettre autographe du Chartrain Jean Liron, savant bénédictin, lettre missive qu'il écrivit, de son couvent de Saint-Vincent, du Mans, le 11 avril 1726, à l'abbé Leclerc, directeur du séminaire d'Orléans, au sujet du poète Rotrou. Ce travail biographique fut composé sur un manuscrit intitulé : *Mémoire sur la naissance, la vie et la conduite de Jean Rotrou,* par M. Rotrou, son frère, secrétaire du Roy et résidant à Paris (2), à l'intention du savant Louis de Sanlecque, en faveur de son

(1) *Regist. des Ech.*, 3 février et 5 juin 1601.
(2) Titon du Tillet le qualifie de seigneur de Sodreville, et receveur des consignations du Parlement de Paris.

travail intitulé : *Histoire des Poètes illustres de France*, travail inédit qu'il composa dans son prieuré de Garnay, près Dreux, lors de sa disgrâce. Ce mémoire fut communiqué par l'abbé Brillon, chanoine de Chartres, à Jean Liron. Ce dernier reproche à cet écrit de ne pas indiquer assez franchement la cause secrète qui détermina Rotrou à abandonner Paris, pour venir s'établir juge de police à Dreux, sorte de fonction qui semblerait peu compatible avec les idées d'un poète, et aussi de passer trop légèrement sur la jeunesse dissipée et orageuse de son frère. Les renseignements intimes sur la famille font également défaut. Nous donnons ci-après un long extrait assez intéressant, de l'autographe de Jean Liron, touchant ce grand et digne concitoyen.

« Jean Rotrou, célèbre poëte françois, fils de Jean Rotrou et d'Elisabeth Le Factieu, naquit à Dreux, le 19 d'aoust l'an 1609. Son père estoit d'une des principales et des plus anciennes familles de cette ville, où il vivoit honorablement des biens que ses ancestres luy avoient laissé, et de celuy de sa femme, qui estoit considérable. Elle estoit fille d'Estienne Le Factieu, d'une bonne famille de Chartres, pourvu de deux charges de grenetier dans cette ville.

» Jean Rotrou commença ses humanitez dans le collége de Dreux, puis on l'envoya à Paris, à l'âge de 12 à 13 ans, pour les continuer, ce qu'il fit avec succez. Il étudia la Philosophie sous M. de Breda, qui a esté depuis curé de Saint-André-des-Arcs. Dans le cours de ses études, Rotrou commença à faire des vers, n'ayant que 15 à 16 ans ; l'estime que ses amis en faisoient, l'inclination et la facilité qu'il avoit à les faire, l'engagèrent à travailler à une comédie, qu'il intitula l'*Hipocondriaque ou l'Amoureux mort*, qui fut représentée avec plus de succès que l'auteur n'avoit espéré, car il n'avoit pas encore vingt ans : il la dédia à M. le comte de Soissons, qui l'honoroit de sa bienveillance. Ce prince l'obligeoit souvent à travailler à de petits ouvrages de poësie, où Rotrou réüssissoit assez heureusement, et il les retenoit pour en faire l'usage qu'il lui plaisoit.

» Rotrou fit une autre comédie, sous le titre de la *Bague de l'Oubli*, et la composa en très peu de temps. Cette pièce fut encore mieux reçue que la première, non seulement à l'hôtel de Bourgogne, mais aussi au Louvre et à Saint-Germain, devant le Roy, et au Palais-Cardinal.

» L'applaudissement qu'on donnoit à ses ouvrages, son penchant, et les prières que les comédiens lui faisoient de continuer un travail qui leur estoit aussi utile qu'honorable à l'auteur, le déterminèrent à chercher des sujets dans les anciens poëtes Grecs, Latins, Italiens et Espagnols, qui pussent luy conserver dans le public la réputation qu'il s'estoit acquise. Il en trouva un dans un auteur Espagnol, qu'il mit sur le Théâtre françois, sous le titre des *Occasions perduës*, qu'il traita avec tant de justesse, et des événements si surprenants, que cette pièce l'emporta sur les précédentes. On croit qu'il la dédia à M. le comte de Fiesque qui honoroit Rotrou de son amitié.

» Le cardinal de Richelieu sçachant qu'elle avait plû au Roy, la fit représenter dans sa maison, et en fut si content, qu'il ne put s'empescher de faire connoistre sa satisfaction à plusieurs personnes de qualités qui estoient autour de luy ; il chargea mesme le chef de la troupe de dire à l'auteur qu'il désiroit le voir ; et Rotrou se retira fort satisfait de la bonté que ce ministre luy avoit témoignée ; les suites en furent heureuses pour le poëte. Car le cardinal lui donna une pension de 600 livres. Rotrou, pour marquer sa reconnoissance au cardinal, fit une Ode à sa louange, elle plut fort à ce grand ministre, mais il désira que Rotrou adoucist quelques expressions, qu'il jugea un peu trop fortes, contre le duc de Savoye. D'un autre côté, le cardinal envoyoit quelques fois ses pensées à Rotrou pour les mettre en vers, ce que celuy-ci faisoit avec une facilité surprenante. C'est ce que je trouve dans un Mémoire dressé par son frère, mais ce fait et quelques autres que j'omets, n'ont peut-être pas d'autre fondement que ce que rapporte M. Plisson dans son *Histoire de l'Académie françoise* ; sçavoir, que le cardinal de Richelieu fournissoit souvent des sujets de comédies, et qu'il faisoit composer les vers de ces pièces, qu'on nommoit alors les pièces des Cinq Auteurs, par cinq personnes différentes, distribuant à chacun un acte, et achevant par ce moyen une comédie

en un mois. Ces cinq personnes estoient MM. de
Boisrobert, Corneille, Colletet, de l'Estoille et
Rotrou, ausquels, outre la pension ordinaire
qu'il leur donnoit, il faisoit quelques libéralitez
considérables, quand ils avoient réussi à son gré.
Rotrou est le seul des cinq auteurs qui n'a pas
esté de l'Académie françoise.

» Rotrou ne parloit jamais de ses ouvrages
dans les compagnies où il se trouvoit, soit des
personnes de qualité ou de ses amis, si on ne
l'y obligeoit; et quand cela arrivoit, il le faisoit
avec tant de modestie, qu'il paraissoit bien, que
ce n'estoit que par un excez de complaisance
qu'il le faisoit. Il avoit beaucoup d'amis à la
Cour, et entre les autres. M. le duc de Liancourt
et M. de Belin. Il ne faisoit paroître aucun ouvrage qu'il ne leur en eût fait la lecture; il fut
lié d'une étroite amitié avec M. Scaron et M.
Corneille l'aîné. Rotrou et Corneille parloient de
leurs ouvrages avec toute l'estime qu'ils se de-
voient l'un et l'autre, et ils ont fait plusieurs
élégies à leur loüange. Les autres poëtes qui
estoient dans l'estime publique, et ceux mesme
qui n'estoient pas estimez, estoient tous ses
amis, car il vivoit bien avec les uns et les autres. Il n'estoit pas moins ami des auteurs
célèbres de ce temps-là, particulièrement de M.
Godeau, évesque de Grasse, son compatriote. Cet
illustre prélat disoit souvent à Rotrou, qu'il luy
donnoit encore quelques années pour s'exercer
dans les Muses prophânes; après quoy, il luy
conseilloit de s'attacher à des ouvrages de piété.
où il croyoit qu'il réüssiroit bien, connoissant
comme il faisoit, le fond de son cœur et de son

genie. Ce conseil confirma Rotrou dans le désir qu'il avoit de penser sérieusement à la principale affaire ; et on prétend qu'il s'y appliqua si bien, que plus d'un an avant sa mort, il se déroboit deux heures chaque jour, pour les passer devant le Saint-Sacrement, où il méditoit avec une profonde dévotion sur nos sacrez mystères, et prioit le Saint des Saints de lui faire miséricorde.

» Je trouve qu'après la mort du cardinal Richelieu, Rotrou, contre le sentiment de ses amis, s'attacha au cardinal de Mazarin, qui trompa son espérance, à ce qu'on prétend, c'est-à-dire qu'il ne luy fit aucun bien. Voilà sans doute la principale raison qui porta ce poëte à quitter Paris pour s'établir à Dreux, où il mourut.

» L'an 1650, la ville de Dreux, dont il étoit Lieutenant particulier, fut affligée d'une dangereuse maladie, c'estoit une fièvre pourprée avec des transports au cerveau, dont on mouroit presque aussitôt que l'on estoit attaqué. Cette maladie enlevoit chaque jour jusqu'à 25 ou 30 personnes des plus considérables de la ville. Cela affligea son frère, qui, dans sa plus grande jeunesse, s'estoit establi à Paris de luy écrire, et le prier fortement de sortir de Dreux et de venir chez luy, ou de se retirer dans une terre qui luy appartenoit entre Paris et Dreux. Mais Rotrou répondit fort chrétiennement à son frère : « Qu'es-
» tant seul dans la ville qui pust veiller avec
» autorité, pour y faire garder la police néces-
» saire, afin de tâcher de la purger du mauvais
» air dont elle estoit infectée, il n'en pouvoit
» sortir, le Lieutenant-général estant à Paris pour
» des affaires qui l'y retiendroient long-temps, et

« le Maire venant de mourir (1). Que c'estoit la rai-
« son qui l'avoit obligé de remercier Mme de Cler-
« mont d'Antragues de la grâce qu'elle luy vou-
« loit faire, de luy donner un logement dans
« son chasteau, qui n'estoit esloigné que d'une
« lieue de Dreux, et celle dont il le prioit de
« trouver bon, qu'il se servit, pour n'accepter
« pas, les offres qu'il lui faisoit. » Il finissoit sa
lettre par ces paroles : *Ce n'est pas que le péril où
je me trouve ne soit fort grand, puisqu'au moment
que je vous écris, les cloches sonnent pour la 22^e
personne qui est morte aujourdhuy, ce sera pour
moy, quand il plaira à Dieu. Je suis, etc., etc.*

« Ce fut la dernière lettre qu'il écrivit, car peu
de temps après, ayant été attaqué de la mesme
fièvre pourprée avec de grands assoupissements,
il demanda les sacrements qui luy furent admi-
nistrez étant dans une parfaite connoissance, et
qu'il receut avec une grande résignation, à la
volonté de Dieu ; qui le retira de ce monde, le 27
de juin l'an 1650, après huit jours de maladie,
âgé de 40 ans et dix mois. Il fut regretté non
seulement de ses parents et de ses amis, mais
encore de tous les habitants de Dreux et des

(1) Quel est le nom ignoré de ce citoyen qui
mourut en gouvernant cette cité envahie par la
peste ? L'auteur de *Dreux ancien et Dreux nouveau*, dans sa longue liste des maires de cette
ville, p. 521, n°s 59 et 60, semble avoir fait une
étrange confusion dans les noms des person-
nages qu'il cite, comme ayant rempli cette fonction.

lieux circonvoisins, dont il estoit fort estimé et parfaitement aimé.

» Rotrou avoit esté pourvu de la charge de Lieutenant particulier civil, Assesseur criminel et Commissaire examinateur au comté et bailliage de Dreux, qu'il exerça jusqu'à sa mort, avec toute la probité et l'intégrité nécessaire à un bon juge. Il avait épousé Marguerite Le Camus, dont il laïssa trois enfants.

» Rotrou a publié trente-cinq ou trente-six pièces de théâtre, qui ont eu beaucoup de succès. Il les faisoit néanmoins avec tant de facilités, qu'il y en a plusieurs qui ne lui ont pas coûté un mois de temps, et quoiqu'il y ait 75 ans qu'il est mort, on ne laisse pas de représenter encore assez souvent une de ses dernières, *Venceslas*; qui est toujours receüe avec beaucoup d'applaudissements. »

Suit une liste de trente pièces de théâtre de Rotrou, portant la date de leur représentation, et il continue :

« Si Rotrou à fait plus de cinquante pièces de théâtre, comme l'assure Thomas Corneille, on voit que ce catalogue est fort imparfait.

» Ce fameux poëte a fait encore quantité d'odes, d'élégies, de sonnets et plusieurs autres petites poësies, qui ont esté fort estimées, et qu'il est difficile de recouvrer, par le peu de soin que luy et les siens ont pris de les rassembler, etc., etc. (1). »

(1) Bibliot. Imp. Manuscrits. *Corresp. du prés. Bouhier*, t. v, fol. 957, a. 1065, n° 165.

Ce n'est pas le lieu de tenter ici une appréciation littéraire des œuvres tragiques de Rotrou. Assez de savants, plus compétents que nous, s'en sont occupés dans des ouvrages spéciaux (1). L'énergie de son style, le contraste habilement calculé des caractères des personnages mis par lui en scène, avait eu le pouvoir de régénérer l'ancien théâtre, mais la fougue et l'incorrection de son langage, aidèrent peut-être à faire ressortir le mérite naissant de Racine et oublier un peu Rotrou.

Parmi ses premiers biographes, nous devons citer : 1° Le P. Nicéron, dans ses *Mémoires pour servir à l'Histoire des Hommes illustres*, t. XVI, p. 89 (Paris, Briasson, 1731, in-12) ; 2° Titon du Tillet, *le Parnasse françois*, p. 235 (Paris, Coignard, 1732, in-fol.) ; 3° D. Jean Liron, *Singularités Historiques et Littéraires*, t. I, p. 328 (Paris, Didot, 1738, in-12); 4° *Jugement des Sçavans sur les Poëtes modernes*, t. V, n° 1480, etc., etc. Enfin toutes les biographies modernes, qui se sont toutes copiées

(1) Voyez dans le *Journal des Savans* trois articles sur Rotrou et ses œuvres : 1821, p. 328; 1822, p. 751; et 1823, p. 277.

les unes sur les autres avec leurs erreurs. Puis aussi Millevoye qui eut, en 1811, le prix du Concours de l'Institut, pour son éloge poétique de Jehan Rotrou.

Si ce poète distingué laissa des ouvrages assez nombreux, pour glorifier sa mémoire d'écrivain, son dévouement à sa patrie, jeta sur le nom du grand citoyen un brillant reflet historique. Son ami Guillaume Colletet composa son épitaphe, dans laquelle il célèbre bien le poète, mais sans faire la moindre allusion à son acte de civisme envers sa ville natale. Il s'exprime ainsi :

Passant, vois en Rotrou l'impuissance du sort ;
Il est mort, et pourtant son nom se renouvelle ;
Car si de ses beaux vers la grâce est immortelle,
N'a-t-il pas de quoi vivre, en dépit de la mort ?

Si nous voulons parler maintenant des œuvres d'art qui nous ont transmis les traits de cet homme éminent, nous dirons que nos recherches n'ont pu découvrir que seize gravures, et encore la plupart modernes, qui toutes sont en partie calquées l'une sur l'autre. C'est de la gravure, sans doute, mais ce n'est pas de l'art ; à peine une seule mérite-t-elle d'être signalée. Mais nous croyons de-

voir appeler l'attention sur un quatrain qui
se lit au-dessous d'un des portraits de Rotrou , gravure de Desrochers ; lequel, par
parenthèse , est émaillé d'une belle faute
d'orthographe :

> *Le théâtre lui doit ses premières merveilles .*
> *Et les siècles futurs ne seront jamais las ,*
> *En dépit de Racine, et malgré les Corneilles .*
> *De revoir sur la SEINE admirer Venceslas.*

Le buste en marbre exécuté par Caffieri (1),
au XVIIIe siècle, pour orner le foyer du
Théâtre-Français, où il se voit encore, est
renommé comme le plus beau type et le
plus authentique, de la physionomie de Ro
trou. Ce buste aurait été sculpté d'après un
beau portrait du poète, que possédait alors
sa famille, résidant à Dreux.

L'année dernière , à l'exposition annuelle
des beaux-arts, aux Champs-Elysées, à Paris,
nous avons trouvé inscrit sous le n° 2616, la
belle statue en bronze de Jehan Rotrou,
œuvre de Allasseur (Jean-Jules). Si les ar-

(1) Caffieri (Jean-Jacques), né à Paris en 1723,
et décédé en cette ville en 1792 ; exécuta pour le
foyer du Théâtre-Français, six bustes, parmi lesquels les amateurs estiment beaucoup, ceux de
Rotrou et des deux frères Corneille.

tistes sculpteurs s'étaient plaints antérieurement du jour défavorable qui, par des reflets
diffus, venait amollir les reliefs de leurs
œuvres exposées dans la nef centrale du
Palais, nous ne pensons pas qu'ils aient plus
à se féliciter de ce grand couloir froid et
sombre dans lequel nous avons trouvé l'image de Rotrou. Si ce local communique un
jour d'atelier favorable aux tableaux, la
sculpture (les bas-reliefs exceptés) se trouve
placée dans de mauvaises conditions, en ce
qui concerne les rondes-bosses, et surtout
les statues en bronze ; car, si le visage est
bien éclairé, toute la partie postérieure se
trouve plongée dans les ténèbres.

Nous espérons que la place publique, sur
laquelle sera élevée l'œuvre d'Allasseur sera
plus favorable, tant au sujet figuré, qu'à l'artiste qui l'exécuta. Cette statue est grandiose
d'effet, peut-être un peu lourde d'aspect, surtout vue par derrière, et cela par suite de
l'ampleur du costume officiel. La figure
quoique un peu amaigrie, ornée d'une mou-
che et de moustaches, et accompagnée d'une
ample chevelure, a bon air. C'est bien ce
type connu des *raffinés* de la cour de Louis
XIII et des *frondeurs* du temps de Mazarin.

La robe de Lieutenant-particulier, serrée par
une large ceinture, tout en cachant le torse
et les jambes, n'empêche pas de voir ressortir la pose noble du personnage, qui est représenté tenant d'une main la lettre en réponse à celle de son frère, qui lui offrait un
asile moins périlleux que le poste qu'il occupait, au milieu de la ville pestiférée de
Dreux. Dans cette réponse, il représente au
généreux solliciteur qu'il lui est impossible
de se rendre à son invitation, attendu que
son supérieur, le Lieutenant-général, est ab-
sent, et que le Maire de la ville vient de
succomber à l'épidémie! Sur un des côtés
et en arrière on aperçoit, posée sur un gros
tabouret, style Louis XIII, sa toque, auprès
et au-dessous, une pile de volumes et divers
rouleaux de papier, où se lisent les titres de
ses pièces dramatiques et sur lesquels repose
une branche de laurier.

Nous craignons que cette statue, vue à une
certaine distance, attendu l'agencement du
costume, ne soit d'un aspect massif, tandis
qu'à quelques mètres elle devra, selon nous,
être d'un effet satisfaisant. Nous aurions
désiré que l'artiste, s'il n'était pas obligé de
se conformer à un programme imposé, eût

fait sentir davantage dans Rotrou le poëte tragique, au lieu d'effacer le dramaturge sous l'enveloppe du Lieutenant-particulier. Si un illustre témoignage de civisme honore Rotrou ; aux yeux de la masse populaire, notre héros n'en doit pas moins sa plus belle renommée à ses tragédies, et il n'est pas si facile qu'on le pense de transformer une tradition. Il nous semble qu'il eût été préférable de voir la statue représentant le poète tragique, et dans un bas-relief du socle, la reproduction du beau trait de patriotisme de Rotrou, investi des fonctions de chef de la cité pestiférée.

Il faut toujours, lorsqu'un artiste s'adresse au public, que le fait historique qu'il veut représenter, soit dans un tableau ou par une statue ; que le personnage figuré ne laisse pas de doute dans l'esprit du touriste contemplateur. Cette statue de Rotrou laisse un peu à désirer sous ce rapport. A-t-on figuré le poëte ou le citoyen dévoué ?

Dans la grande solennité qui doit s'accomplir à Dreux, dimanche 30 juin, les orateurs ne pourront, il nous semble, passer sous silence le nom de M. Lamésange, cet homme distingué, qui, sorti des rangs des plus simples prolétaires, sut par sa capacité et sa rare intelligence conquérir la position la plus honorable et la plus enviée d'une cité ; c'est du reste ce personnage qui, de ses deniers, légua, pour la décoration de sa ville, cette belle statue monumentale de Jehan Rotrou !

25 juin 1867.

LE CLOITRE DE NOTRE-DAME

ET

L'ANE-QUI-VIELLE.

> Messieurs, écoutez la requeste
> D'un pauvre asne qui, quoique beste,
> Vous parle raisonnablement.
>
> *(Requeste de l'Ane-qui-Vielle au Chapitre.)*

Il est une question grave et susceptible d'un examen sérieux qui s'agite en ce moment, c'est celle concernant le plan soumis à l'enquête, pour la *Modification des Alignements d'une partie du cloître Notre-Dame et de la rue Percheronne.* Ce nouveau mode d'alignement parcellaire et successif, sans plan d'ensemble déterminé, est le système le plus fâcheux que l'on puisse imaginer; et, pourtant, c'est le seul actuellement préconisé pour l'embellissement de la ville. Chaque administration nouvelle aime à créer du neuf. Il est un principe général tacitement adopté, c'est que les nouveaux édiles ne devront jamais poursuivre l'idée émise par leurs devanciers, à moins d'y être, en quelque sorte, contraints par des raisons ostensiblement sages, ou par l'opinion publique; malheureusement, chacun désire à innover. Les exemples à Chartres surabondent, ce qu'il nous serait facile de démontrer, en reproduisant les votes des divers Conseils municipaux qui se sont succédé dans notre ville, surtout depuis 1830 jusqu'à nos jours; ces votes ont rapport aux voies publiques, musée, bibliothèque, statue, hôtel-de-ville, théâtre, etc.

Qu'il nous soit permis, sur ce sujet d'intérêt local, de poser les questions suivantes :

Première question. — Y a-t-il utilité et urgence de créer un nouveau Parvis plus spacieux que celui existant devant l'église Notre-Dame? Nous ne le pensons pas; nous invoquons, à cet effet, l'usage constant et

pratiqué depuis plus de huit siècles, du
fameux passage dit de l'*Ane-qui-vielle,* comme
moyen de communication entre le quartier
des Changes et celui du Muret, passage du
reste facilement suppléé, en cas de bourras-
que ou de tempête, par les rues Percheronne
et du Cheval-Blanc; et nous invoquons avec
d'autant plus d'assurance cet usage, que le
projet d'alignement proposé ne serait susceptible de rendre le passage un peu moins difficile, dans les cas ci-dessus exprimés, que
sur un parcours d'environ 15 mètres seulement, c'est-à-dire à la base même du vieux-
clocher; attendu qu'autrement, l'on se trouve
convenablement abrité, tant par la façade
de la salle Saint-Côme, que par les maisons
faisant face à la porte Royale. Si le projet
soumis à l'enquête était adopté, la violence
du vent, qui se porte et se décharge maintenant vers le fond du cloître, ne manquerait
pas de venir s'engouffrer dans l'embouchure
de la rue des Changes, par suite de l'angle
saillant formé par la maison de M. Billard
d'Eguilly; et alors il n'y aurait plus désormais, pour le piéton, au sortir de la rue des
Changes, aucune espèce d'abri à espérer; il
se trouverait isolé et à la merci des bourras-

ques qui viendraient, en tourbillonnant, dé-
coiffer les hommes et envelopper les dames,
qui auraient à subir, plus que jamais, d'é-
tranges irrévérences, jusqu'au moment où il
serait possible d'atteindre, après un parcours
de 115 mètres, la rive opposée !

Si déjà cette partie du cloître est peu fré-
quentée, le soir, par les habitants, depuis
la rue des Changes jusqu'à celle du Cheval-Blanc, et *vice versa*, la cause en doit être
attribuée à l'état d'isolement absolu de ce
parcours. En supposant le nouveau projet
mis à exécution, quelles seront donc les
femmes ou jeunes filles assez osées ou cou-
rageuses, pour affronter le passage si aven-
tureux de cette vaste solitude ?

Deuxième question. — Cette modification
faite au Parvis sera-t-elle d'un grand avantage pour la perspective d'ensemble de notre
cathédrale ? Nous ne le croyons pas. Des édifices d'aussi colossale dimension offrent diffi-
cilement un aspect satisfaisant pour les yeux,
par suite de l'élévation des constructions et
de leur étendue. La perspective a des règles
précises et immuables ; pour juger un grand
édifice, dans son élévation et dans son ensemble. il faut que le spectateur soit placé à

un des angles, et à une distance triple de sa hauteur ; et cela, abstraction faite des combles et des clochers. En prenant, comme hauteur normale, la galerie supérieure qui se trouve à une élévation d'environ 35 mètres, il faudrait donc admettre une distance ou recul d'environ *cent mètres,* ce qui est impossible à espérer, pour avoir une vue d'ensemble.

Au dossier de l'enquête, on a cru devoir adjoindre la copie d'une lettre écrite, sur ce sujet, par M. Viollet-Leduc, laquelle renferme, dans son contexte, deux hérésies architecturales flagrantes... On peut en juger : « Remarquez, dit-il, que ce défaut de paral- » lélisme, si sensible en plan, ne serait pas » et n'est jamais apprécié en exécution. » Nous avons à objecter, pour toute réponse à l'auteur de la lettre, que notre théâtre de Chartres, en plan sur le papier, semblait n'avoir rien de choquant à l'œil, par rapport à son défaut de parallélisme avec le boulevard Saint-Michel, et que, cependant, le plan réalisé, fut reconnu d'un effet déplorable et surtout impossible à corriger. Nous pourrions encore citer la situation de la place Billard, par rapport à la rue des Changes ; l'auteur de la lettre n'aurait pourtant pas dû oublier, au prix de quels sacrifices les constructions de la cour des Tuileries, à Paris, ont été agencées par rapport au Louvre.

Je ne saurais non plus passer sous silence cet autre passage de la lettre écrite par l'éminent architecte : « Je n'hésiterais » pas, quant à moi, à adopter ce dernier » parti, dont les maîtres se sont, je crois, » servi bien des fois, mais que nos sottes » idées sur la *symétrie* et le *parallélisme* nous » font rejeter aujourd'hui. » Si la signature de cette lettre copiée n'était pas légalisée par la signature d'un de nos administrateurs, je ne pourrais croire qu'un architecte, Inspecteur-général du Gouvernement, pût tenir un pareil langage. Cette missive, dans tous les cas, ne prête, selon moi, qu'un appui dérisoire aux pièces de l'enquête, d'autant plus que nous pourrions formuler ici notre opinion sur le goût et les idées quelquefois singulières de cet architecte ; nous prendrions nos preuves, soit à Notre-Dame de Paris, soit au château de Pierrefonds.

Depuis longues années cependant, c'est-à-dire depuis plus de vingt ans, ce qu'il serait facile de prouver, il y avait un accord tacite

entre l'administration municipale et les habitants, pour que nos édiles fissent, dans
l'intérêt économique et bien entendu de la
ville, l'acquisition totale de l'ancien Hôtel-
Dieu, pour y placer ou le musée, ou la
bibliothèque, ou les justices de paix, ou le
bureau de bienfaisance ; enfin, quelques-uns
des divers services mal disposés ou trop
étroitement colloqués à l'Hôtel-de-Ville, lesquels se trouveraient, de la sorte, placés au
centre de la cité, lorsque le nouvel Hôtel-
Dieu serait terminé.

L'idée était assurément excellente, et elle
le serait encore, si l'on voulait la poursuivre ; mais au moment de toucher au but, au
moment décisif et si longuement attendu,
on vient, au moyen de raisons plus ou moins
spécieuses, tourner la question, changer les
plans et les projets, et enfin dire clairement
que l'administration des hospices ne doit
vendre l'ancien Hôtel-Dieu que pour démolir !
Est-ce croyable ? et pourtant ce n'est que trop
vrai, puisque nous pouvons juger, d'après la
teinte rose indiquée au plan d'enquête, et
qui contourne trois des faces extérieures de
l'Hôtel-Dieu, qu'il ne restera qu'un noyau
informe des anciennes constructions.

M. le Préfet, de son côté, n'accorde l'autorisation d'aliéner, par enquête, que les deux parties sises sur le Cloître et la rue Percheronne ; mais il consent à l'acquisition à l'amiable d'une bande de terrain longitudinale occupée actuellement par des constructions, laquelle porte une largeur moyenne de cinq mètres, à prendre dans toute la longueur du parcours de la rue de l'Hôtel-Dieu. Ce moyen biais doit sembler étrange, surtout lorsqu'il s'agit de défendre l'intérêt des hospices.

Cette dernière acquisition à réaliser du terrain bâti longeant la rue de l'Hôtel-Dieu, semble devoir faire parallèle à une ligne tracée en bleu sur le plan d'enquête, du côté de la rue de l'Etroit-Degré, laquelle rue se trouverait anéantie, ainsi que la propriété de M. Albert Marchand et celle du Cercle Chartrain. Dans le plan soumis à l'enquête, il est une chose singulière à remarquer, c'est que rien n'est bien avoué, rien exactement défini, même au sujet de l'alignement général et futur de la rue Percheronne, qui se présenterait pour former le côté inférieur du nouveau Parvis, et affecterait une forme peu heureuse, dans son immensité, offrant à

l'œil une espèce d'entonnoir ou de cône tronqué, et des plus disgracieux. Malheureusement, la base de rencontre, sur la rue Percheronne, présentera une perspective aussi
harmonieuse et régulière que la place actuelle existant devant notre théâtre !

Nous reprocherons à ce plan singulier son
défaut de symétrie et sa forme tout à fait
anormale, puisque l'on trouve, à l'ouverture
conique près la cathédrale, par rapport à
l'axe de ce monument, une différence de
cinq mètres ! La différence de longueur des
côtés est de *neuf mètres !* Les deux retours
d'angle sur le cloître ont encore une différence de *cinq mètres !* Nous ne devrions pas
oublier, il est vrai, la lettre de M. Viollet-
Leduc où il dit : « que nous avions de sottes
idées sur la *symétrie* et le *parallélisme.* » Mais
il nous semble, à nous, déraisonnable de détruire sans besoin environ quinze propriétés, pour obtenir un pareil résultat.

La Société dite du Parvis Notre-Dame doit
commencer à comprendre que les Chartrains,
désintéressés dans la question, ne sont pas
très-engoués de voir mutiler l'ancien cloître
Notre-Dame, auquel on substituerait, sous
le nom pompeux de Parvis, une vaste place

déserte, n'offrant aucun avenir pour la cité
Il n'y aura pas assurément de capitalistes
assez naïfs pour placer en ce lieu leur nu-
méraire, et des architectes ou bâtisseurs
assez osés, pour tenter d'édifier des maisons
en rapport avec le monument et la place.
Les faibles ressources si laborieusement
réalisées par cette société ; l'acquisition et la
démolition empressée d'une maison du cloître, afin de stimuler les souscripteurs tran-
sis ; le vote en principe est d'urgence déci-
dant, dès le mois de septembre 1866, la suppression de la salle Saint-Côme ; les visites à
domicile et les provocations de souscription,
si peu fructueuses, devraient, il nous semble, faire comprendre à qui de droit qu'à
moins d'ordre émanant de haut lieu, ce
projet est mort-né. Lorsque je dis projet, je
me trompe assurément, attendu que cette
Société n'a encore produit en public aucun
plan, qui puisse en faire comprendre et
admirer la sage et utile nécessité. On assure
pourtant que beaucoup de membres possè-
dent renfermé en portefeuille, chacun un
plan particulier, dressé *ad hoc* et suivant le
goût ou l'idée de son auteur. Je dis que cette
question est très-grave pour la ville de Char-

tres, et qu'il serait important, avant toute démolition, en cas que ce projet de Parvis soit définitivement sérieux, d'établir un concours, afin de n'avoir rien à se reprocher dans l'avenir. Il sortira peut-être du cerveau de nos modernes architectes une idée plus heureuse et plus symétrique que le plan soumis à l'enquête.

La lettre de M. le Préfet, jointe au dossier, dit encore : « Que la ligne A. prolongée jus-
» qu'à B. formerait, il est vrai, un agrandis-
» sement satisfaisant de la place de la Cathé-
» drale et permettrait de poser immédiate-
» ment la grille qui doit entourer l'édifice. »
Cette grille, devant être posée à sept mètres de distance, est encore une sorte d'innovation des architectes diocésains, peu heureuse, au point de vue de l'art, et d'un aspect désagréable et mesquin. Cette grille, utile, peut-être, pour protéger les fenêtres de Sous-Terre et tenir en état de propreté les angles rentrants des contreforts de l'église, ne devrait être placée qu'à deux mètres de la base des contreforts, pour venir ensuite se profiler avec la face latérale et extérieure des clochers. Au reste, depuis huit siècles, la façade occidentale n'a jamais reçu aucune

grille de défense, et cependant elle est de-
meurée intacte de mutilation. Il faudrait
donc en conclure que cette grille projetée
est un inutile encombrement pour la voie
publique, pouvant, dans son genre, rivaliser
avec celui que M. Lassus, architecte de notre
cathédrale, imposa à la rue de l'Etroit-Degré
et aux maisons du cloître, vers l'Évêché,
lorsqu'il traça le nivellement général de ce
quartier, ce qui força les propriétaires à établir des escaliers très-incommodes pour
atteindre à leur rez-de-chaussée, et des plus
gênants pour les passants.

Nous nous résumons en disant que ce projet d'alignement doit être regardé comme
incomplet et insuffisant, en présence des
idées grandioses et tout à fait monumentales
indiquées et non définies. Ce qu'il faut reconnaître, c'est que la Ville a tout intérêt à
acquérir en totalité tous les bâtiments de
l'Hôtel-Dieu; attendu que tous, et y compris
la salle Saint-Côme, doivent, avec les an-
nexes entourant la cour centrale, trouver
emploi pour le service municipal; ces divers
bâtiments, dis-je, offrent, toutes préparées,
des salles convenables pour y réunir les So-
ciétés savantes et de secours mutuels, recevoir

la Justice de paix, les Cours publics et Con-
férences, les consultations, et, avec quelques
appropriations, le Musée et la Bibliothèque, etc., locaux indispensables et dont notre
ville est totalement dépourvue.

La salle Saint-Côme, belle construction du
XIIIᵉ siècle, mériterait, surtout au point de
vue de l'art et de la grandeur du vaisseau,
être épargnée, dans le projet mis à l'enquête.
Nous sommes surpris que l'on n'ait pas joint
au dossier, certaine lettre de M. Boeswilwald,
architecte diocésain, lettre qu'il a écrite pour
la conservation de cette salle; ainsi que l'extrait du procès-verbal de la séance de la *Société Archéologique d'Eure-et-Loir,* du 6 décembre 1866, publié par M. Paul Durand et
imprimé à part. Cet archéologue distingué
était assurément, au point de vue de la raison, parfaitement dans le vrai; et pourtant,
afin de sacrifier au goût du jour, on a prétendu qu'il devait avoir tort, et que d'ailleurs, la Société n'a pas pour mission de s'occuper de questions administratives; l'avenir
montrera où était la raison.

Au mois de janvier 1866, un savant, dit-on,
reconnaissable à son faux-nez et à son langage, prodiguant les facéties d'atelier et de

loustic parisien, et répondant indifférem-
ment aux noms de Jérôme Baliveau et de
Jean Marcadet, vint, dans le *Journal de
Chartres* (des 14 et 21 janvier 1866), tracer
une partie du programme régénérateur du
vieux Chartres. Ce précurseur de l'alignement à outrance signala dès cette époque :
« Qu'un de nos célèbres archéologues Char-
» trains avait gagné un torticolis pour avoir
» trop regardé notre vieux clocher !!! » Il dit
encore : « Que notre magnifique cathédrale
» étouffe en son corset de masures rabou-
» gries, qui viennent la braver au pied de
» ses clochers !!! » Ce sont ces tartines et
beaucoup d'autres du même genre qui ont
trahi l'auteur pseudonyme, lequel, depuis
cette époque, n'a cessé de remplir, avec zèle,
son programme de régénérateur et de démo-
lisseur.

Nous avons répondu à l'appel de l'enquête,
comme c'était notre droit et notre devoir,
afin que, plus tard, l'on ne pût à notre
égard formuler un reproche d'indifférence
dans cette question capitale présentée et
adoptée dans la délibération du Conseil municipal du 10 mai 1867. Nous conservons, du
reste, peu d'espoir de faire reculer les idées

novatrices et erronées à l'ordre du jour, touchant ce nouveau projet du Parvis irrégu-
lier de Notre-Dame, qui semble n'avoir
d'autre but que de satisfaire la curiosité des
étrangers venus pour admirer notre cathédrale ; raison bien mesquine, il faut l'avouer
(si elle n'est pas intéressée), en comparai-
son des désagréments que ne peut manquer
de susciter ce projet, si peu réalisable d'une
manière convenable. sous le rapport de la
viabilité et de l'art.

L'enquête actuelle n'eût été sérieuse, à
notre point de vue, que dans le cas où l'on
aurait exposé, clairement et sans arrière-
pensée, les vues générales de l'administration municipale, au sujet des modifications
à introduire dans cette partie de la cité, avec
des développemeuts explicatifs et un plan
d'ensemble. Assurément, le temps n'a pas
manqué pour arriver à un si mince résultat !

Je suis certain que beaucoup d'honnêtes
citoyens, n'ayant pas compris la nature de
l'appel qui leur est fait, maugréeront plus
tard contre les ordonnateurs, après les faits
accomplis. Mais il leur sera répondu que
l'enquête légale ayant eu lieu. du 15 juin au

3 juillet 1867, le pic des démolisseurs avait raison.

Nous, humble archéologue, aux idées prétendues surannées, nous n'aurions pas osé produire le moindre plan individuel, tracé au point de vue de l'art, de l'économie et d'une viabilité plus commode, surtout en présence des plans grandioses projetés. Nous laisserons donc parler le temps à venir; il saura bien indiquer, sans fard, où était la raison. Le Cloître s'appellera alors le Parvis, mais, à l'*Ane-qui-vielle*, malgré des dépenses ruineuses, le vent violent n'en continuera pas moins à déchaîner ses rigueurs.

3 juillet 1867.

DEUX MOTS SUR JEHAN ROTROU.

> Dans le doute abstiens-toi.
> (*Sagesse des Nations.*)

Le lecteur nous excusera de venir encore l'entretenir de nouveau, au sujet de Jehan Rotrou ; c'est pour lui dire que, depuis le 30 juin dernier, jour qui sera célèbre dans les fastes historiques de la ville de Dreux, il s'est fait un grand bruit autour du nom de ce poète. Avant cette date, son nom était vénéré, sans doute ; mais depuis que sa statue est érigée sur une des places publiques de sa ville natale ; qu'une fête pompeuse et solennelle a singulièrement relevé la mémoire

du héros, tant par la splendide mise en
scène que par les illustrations qui se sont
rendues à l'invitation de l'administration
municipale, et par les nombreux discours
qui ont été prononcés à cette occasion ; depuis quinze jours, dis-je, un bruit flatteur
n'a cessé d'aller *crescendo*; mais encore une
quinzaine, et ce nom de Jehan Rotrou, comme par le passé, aura cessé d'être l'objet d'un
engouement momentané. Le calme et le silence règneront autour de son effigie. Telle
est la condition humaine !

L'inauguration de cette statue a donné lieu
à plusieurs études biographiques sur ce
poète, mais il n'est sorti de ces recherches
rien de nouveau, rien de saillant. Seulement
des autographes plus ou moins authentiques
n'ont pas fait défaut (cette sorte de marchandise est souvent, dans notre siècle mercantile, l'œuvre des faussaires), que le doute nous
soit donc permis à leur endroit. Nous avons
publié un extrait de la lettre héroïque dans
laquelle Rotrou répond à son frère qu'il lui
est impossible d'abandonner la ville de Dreux
envahie par l'épidémie; cet intéressant épisode historique est trop incomplétement décrit par les historiens locaux ; les biographes,

suivant les versions diverses des lettres attribuées à notre poète sur ce sujet, se contre-
disent; Rotrou habitait-il Paris ou Dreux,
lors de l'invasion de la contagion? Nous
avons avoué la source de notre découverte,
qui est une lettre autographe de Jean Liron,
lequel a copié celle en question, sur un *Mémoire historique*, dressé par le frère de Jehan
Rotrou.

L'auteur de *Dreux ancien et nouveau* (1),
page 118, nous a fourni un texte incor-
rect comme orthographe, et trop souvent
reproduit sans preuve d'origine. Le *Journal de Chartres*, dans son numéro du 4
juillet 1867, a également donné copie d'une
autre lettre réputée authentique et copiée
sur l'original, portant la date du 8 juin 1650,
et désignée comme étant la dernière missive
écrite par Rotrou (2); elle me semble étrange
dans son contexte, et d'autant plus qu'on n'a
pas pris le soin, pour nous rassurer sur son
origine, de nous révéler toutes les pérégri-

(1) Par L.-T. Crétien père (Clichy, Loignon, 1867),
in-8".

(2) Dans *Dreux ancien et nouveau*, page 117,
l'auteur donne l'extrait d'une autre lettre écrite,
le 20 juin 1650.

nations successives qu'elle a dû subir avant d'arriver, comme elle fit récemment, aux archives de la Ville de Dreux. Cette question n'est donc pas suffisamment élucidée, et c'est peut-être avec raison qu'il sera permis de répéter encore : Où est la lettre autographe de Jehan Rotrou, écrite à son frère à la fin de juin 1650 ? *Les faiseurs de phrases historiques* ont toujours existé ; de même l'origine des faussaires intéressés date de loin, puisque nos Archives départementales regorgent, dans leurs layettes ou dossiers, de Chartes apocryphes. Il nous faudra peut-être attendre que Henri Monnier nous envoie un des descendants de son Joseph Prudhomme pour trancher la question (1).

Il nous reste, sur ce même sujet, un autre point à éclaircir. Dans le discours prononcé par M. Edouard Thierry à l'inauguration de la statue de Rotrou, le directeur du Théâtre-Français a signalé la découverte faite par M. Ed. Fournier, d'un quatrain qui se lit, en tête de la tragédie de notre poète, intitulée :

(1) « Joseph Prudhomme, professeur d'écriture, élève de Brard et Saint-Omer, expert assermenté près les Cours et Tribunaux. » (*Scènes populaires.*)

Hercule mourant (1). Ce chercheur érudit attribue ces vers, que nous reproduisons, à Madeleine Bejart, la fameuse actrice du Théâtre de Molière! Les voici :

A Monsieur de Rotrou.

Sur son Hercule mourant.

> *Ton Hercule Mourant te va rendre immortel,*
> *Au Ciel, comme en la terre, il publiera la gloire,*
> *Et laissant icy bas vn Temple à la Mémoire,*
> *Son bûcher seruira, pour le faire un Autel.*

MAGD. BEIART.

Ce quatrain aurait été adressé par elle à Rotrou, pour le féliciter du succès de sa pièce (2). Nous-même avions fait la même découverte; mais un doute sérieux nous détourna de l'idée d'en faire mention, attendu que *Hercule mourant* fut représenté en 1632, et que Madeleine Bejart, née à Paris, sur la paroisse Saint-Paul, le 8 janvier 1618 (3), n'a-

---

(1) In-4° (Paris, Tovssainct Qvinet. M.DC.XXXVI).

(2) A la suite de la Comédie de Rotrou, *Diane*, p. 129 à 135, il se trouve des œuvres du même auteur, et entre autres une pièce de vers signée *Rotrou* J., attribuée à son frère, qui le félicite de son succès.

(3) Voyez sur cette famille Bejart, la *Dissertation sur Molière*, par Beffara, et l'*Histoire de la vie et des ouvrages de Molière*, par J. Taschereau.

vait que quatorze ans, lorsque cette pièce fut représentée, et en aurait eu dix-huit, lorsqu'elle fut imprimée. L'authenticité de la signature est donc récusable, et le doute ne peut que subsister à ce sujet. Ce quatrain fait suite, dans l'imprimé, à une Épitre et à une Ode, de seize stances de dix vers, adressées, par Rotrou, au cardinal de Richelieu, son protecteur et son bienfaiteur; aussi lui prodigue-t-il, sur tous les tons, les plus grandes adulations. C'est le coup d'encensoir d'un adroit courtisan. De même il avait dédié *Les Ménechmes*, au comte de Belin; *Les Occasions perdues,* à la comtesse de Soissons; *L'Heureuse Constance,* à la Reine ; *Les Sosies,* à messire Roger du Plessis ; *Le Bélisaire*, à Henri de Lorraine, duc de Guise, etc. Si à cette époque, les droits d'auteur étaient des plus modiques, les grands Seigneurs, en retour de ces sortes de dédicaces adulatrices, ne manquaient pas de rémunérer largement les auteurs. De nos jours, quelques écrivains composent encore de ces sortes de dédicaces élogieuses, mais ce n'est, le plus souvent, que dans le but d'obtenir quelque distinction honorifique ou une sinécure lucrative.

Il existe, parmi les œuvres de Jehan Rotrou.

une rareté bibliographique institulée : AVTRES
ŒVVRES POETIQUES DV Sʳ ROTROV (1), où se
trouvent réunies six pièces de vers , parmi
lesquelles nous ne pouvons omettre de signaler celle intitulée : *A son Amy M.*, qui devait
être un druide. Il le blâme de délaisser Paris
pour aller habiter Dreux. Cette pièce se
compose de quatorze stances. Nous reproduisons les premières , qui nous ont semblé
intéressantes ; les voici :

Peux-tu (cruel amy) t'éloigner de mes yeux ?
Dreux, pour nous séparer a-t-il assez de charmes ?
Et quelque rare obiet, qui se trouue en ces lieux,
    Peut-il plus sur toy, que mes larmes ?

(1) (Paris, Toussainct dv Bray , M.DC.XXXI.) in-8ᵒ
de 24 pages.

A propos de cette plaquette, nous croyons devoir indiquer une supercherie bibliographique
que nous avons découverte, et qui fut employée
par M. Viollet-Leduc, lorsqu'il possédait cette rareté. Ce dernier, afin d'affecter à cet opuscule un
titre plus convenable, effaça habilement le mot
AVTRES, et l'inscrivit, sous ce titre tronqué dans
le Catalogue de sa Bibliothèque Poétique (Paris,
Hachette, 1843), page 473. Ce volume fut ensuite
acquis par M. Roux. Brunet, dans son *Manuel.*
T. IV, col. 1413, ne l'indique que sous ce titre
frauduleux, l'ayant copié dans le Catalogue de
M. Viollet-Leduc.

Y vois-tu les appas de ces Isle d'aymant,
    Que les Romans nous ont dépeinte ?
    Et ceste Ville est-elle ceinte
    De murailles de diamant ?

Quand le fleuue, qui coule autour de ses fossez,
Seroit plus précieux , que le Tage, et le Gange,
Qu'il auroit la vertu de guérir les blessez ,
    Que ses ondes seroient d'eau d'Ange (1) :
Quand ses bords ne pourroient contenir ses poissons,
    Qu'ils sauteroient sur le riuage,
    Et qu'on n'y sçauroit point l'usage
    Des filets, ny des hameçons.

Quand on n'y verroit plus, ny meurtres, ny larcins,
Quand le peuple y vivroit sans hayne, et sans enuie,
Et quand l'austérité mesme des Capucins
    N'y pourroit condamner la vie :
Quand le Ciel y mettroit, par des soings indulgens,
    Vne abondance si publique,
    Qu'on n'y verroit plus de pratique
    Pour l'Ange (2), ny pour les Sergens.

Quand, en ce beau païs, tu passerois le iour,
Dans les plus doux plaisirs, qu'on peut gouster sans vice ;
Quand la chasse du Cerf, aux forests d'alentour,
    Seroit ton unique exercice,
Et quand l'Aurore (mesme) iroit t'y recevoir,
    Plus fauorable qu'à Céphale :

(1) Eau agréable à l'odorat, et composée de
fleurs et d'aromates. (*Dict. de Trévoux.*)

(2) Il faut entendre l'Ange des Ténèbres, c'est-
à-dire le diable. (*Dict. de Trévoux.*)

Intime Amy, cher Euriale,
Y peux-tu viure sans me voir? Etc., etc.

Les autres pièces sont intitulées : *Les Pen-*
sées dv Religievx. — *Sonnet svr la Filis dv fev*
sievr Pichov son amy (1). — *A Mademoiselle*
C. C., élégie. — *Plainte d'vn Seignevr Amourevx,*
prest de se donner la mort dans vn Désert.

Nous croyons devoir encore signaler aux
bibliophiles une autre rareté de Rotrou intitulée : AUTRES ŒVVRES DV MESME AVTHEVR,
laquelle se compose de douze morceaux de
poésie ; en tête se trouve la fameuse Ode à
Richelieu, on y voit également une pièce
de vers latins, adressée à l'auteur par un de
ses concitoyens, signée : *fecit L. Veillardus.*
Druida. Med. Ce petit recueil est paginé de
129 à 163, et devait faire suite à une des
pièces de théâtre in-8°, de cet auteur (2). Ces

(1) Pichou, poète, né à Dijon, débuta au théâtre
à la même époque que Rotrou ; il fit représenter
quatre pièces (1629-1630) : c'était également un des
protégés de Richelieu. Il fut assassiné en 1631.

(2) (Paris, Fr. Targa, M.DC.XXXV.) Dans ce genre
et chez le même éditeur se trouve également
Avtres œvvres poëtiques dv sievr Pichov, à la suite
de la pièce de cet auteur et intitulée : *Les Folies*
de Cardenio, 1629.

deux raretés proviennent de la bibliothèque de M. Roux, et elles font actuellement partie de celle de la Ville de Chartres, par suite du don qui a été fait par Mme Roux de cette riche collection.

La ville de Dreux devrait, actuellement qu'elle possède la statue de Jehan Rotrou, rechercher dans tous les dépôts littéraires publics, et chez les amateurs, tous les écrits ou documents relatifs à cet auteur, pour les colliger. Ce serait un complément curieux à offrir aux touristes qui viendraient visiter cette cité et sa bibliothèque. Il est à espérer qu'à la suite de ces investigations intelligentes, un druide mettra un jour la main à la plume pour nous transmettre une biographie véritablement exacte et complète de cet auteur dramatique qui fut aussi un grand citoyen.

12 juillet 1867.

PÉRÉGRINATIONS EN ZIGZAG

A travers Chartres.

> Et tu leur diras toutes ces paroles,
> et ils ne t'écouteront point; tu les ap-
> pelleras, ils ne te répondront point.
> (JÉRÉMIE, ch. VII, ver. 27.)

Voici enfin notre bonne ville de Chartres rendue à son calme habituel. Par ce temps d'élections de Conseillers généraux et d'arrondissements, une sorte de fièvre politique s'était emparée des esprits et tendait à engendrer, dans Eure-et-Loir, des rivalités et des haines dignes des Capulets et des Montaigus; mais, fort heureusement, tout ce grand bruit a cessé, et tout s'est terminé à la satisfaction, sinon de tous, au moins du grand nombre. Ce qui me semble le plus digne d'être signalé à l'occasion de cette échauffourée électorale, c'est que tous les partis, à la suite d'un ballottage, se déclarent contents du résultat : allons donc, Messieurs, embrassez-vous et que cela finisse. Nous voulons profiter de cet état de calme des esprits et des vacances, pour risquer une promenade un peu rétrospective, et cependant toute d'actualité, à travers notre bonne ville de Chartres.

Lors de la publication récente de notre article intitulé : *le Cloître Notre-Dame et l'Ane-qui-vielle* (1), plusieurs personnes nous ont affirmé, la main sur la conscience, que maître Jérôme Baliveau, *alias* Jean Marcadet, devait, sous ses pseudonymes, cacher assurément un magicien ou peut-être un sorcier, ou enfin un personnage jouissant au moins d'une grande influence locale, puisque, dans chacune des missives adressées par lui au *Journal de Chartres* (2), il a tracé le programme

(1) Voy. *L'Union agricole* du 7 juillet 1867.

(2) 14 et 21 janvier 1866. Au moment où ces lettres furent publiées, six personnes ont été ac-

de futures innovations à opérer, dans notre ville, par l'administration municipale actuelle; lesquelles innovations sont présentement en voie d'exécution. Dans la profession de foi qu'il fait, pour cette circonstance seulement, il s'énonce ainsi : « Quant à moi, » *progrès politique, intellectuel, scientifique,* » *économique, civil et commercial,* voilà ce » que j'inscris sur notre drapeau à nous » autres hommes d'instruction (1). » Sa perspicacité répond bien à ce programme, comme nous allons en juger.

Il débute ainsi, dans sa première lettre (2), en parlant de Chartres : « Depuis quelques » mois, on n'entend parler que de change- » ments. Des idées nouvelles ont surgi, dit- » on; d'anciennes se sont réveillées; chacun » rêve son percement, ou son alignement ; » il n'est question que de voirie et de nivel- » lement; c'est une fièvre d'idées, etc.

cusées de ce méfait épistolaire; je fus du nombre, mais, après explication et preuves à l'appui, je fus renvoyé de la plainte par le public, et sans dépens.

(1) *Journal de Chartres* du 21 janvier 1866.

(2) 14 janvier 1866.

» Il n'est question que du Clos Pichot, et
» du Marché aux Veaux; du Boulevart Saint-
» Michel, et du *Théâtre qui n'est pas paral-*
» *lèle...*

» Il y a peu de jours, en achevant un au-
» nage pour la robe d'une de nos grandes
» dames, le commis fit la remarque qu'il en
» fallait vingt-deux mètres, juste la largeur
» de la façade du *Théâtre, qui n'est pas pa-*
» *rallèle au boulevart.* »

Que d'esprit, que de génie, me suis-je
écrié, en lisant et relisant ces belles phrases!
Mais ces réflexions sont peu généreuses de la
part de Jérôme Baliveau. Ce fut alors que se
retracèrent à ma mémoire ces vers de La
Fontaine, dans le *Lion devenu vieux.*

« Il attend son destin, sans faire aucunes plaintes ;
» Quand voyant l'âne même à son antre accourir :
» Ah ! c'est trop, lui dit-il : je voulois bien mourir;
» Mais c'est mourir deux fois que souffrir tes atteintes ! »

Voyons actuellement avec quel genre badin, quel enjouement de bon ton, il va, en
se gaussant, fustiger les Chartrains. Combien
de veilles il a dû consacrer! Combien de
rames de papier il a dû griffonner, pour
trouver toutes ces idées novatrices exprimées

avec un esprit tout gaulois! Quelle verve!
Quel atticisme il a semé à profusion dans
tous ces passages si remarquables, que nous
allons signaler à l'admiration de nos concitoyens; ils sont extraits des deux précieuses
lettres de l'auteur pseudonyme, dignes, elles
aussi, tout aussi bien que celles de Mme de
Sévigné, d'être le sujet d'une Conférence,
au foyer de notre Théâtre; surtout si elles
étaient lues et mimées par M. Deschanel.
Quel succès !

Voici les passages que nous croyons devoir
indiquer à l'attention de nos concitoyens pré-
sents, et à celle de nos futurs neveux.

1° « Vous ne voulez pas de changements;
» nos rues, dites-vous, sont assez larges, etc.
» Ne savez-vous pas qu'une de nos élégantes
» passant dans la rue ***, sa crinoline s'accro-
» cha à deux énormes bornes qui se faisaient
» vis à vis; grand émoi! On accourut; la rue
» était barrée; après un long travail, on put
» la dégager, mais il fallut scier une des
» bornes, et la rue fut obstruée pendant une
» heure et demie. La rougeur me monte au
» front, quand je pense que j'ai entendu, de
» mes oreilles, comparer le pavé de nos rues
» aux chausse-trapes du moyen-âge. »

Le conseil fut jugé bon, paraît-il, puisque aussitôt un dégagement a lieu ; d'abord rue du Cygne, où l'on abat deux maisons. La rue Percheronne s'élargit ainsi que celle de la Tannerie ; et je ne comprends pas ici, bien entendu, la salle Saint-Côme et plusieurs autres propriétés acquises, qui auront à subir le même sort. Quant à la satire touchant le pavage, la facétie de maître Baliveau n'est pas heureuse ; car nous pourrions citer les trois quarts des villes, chefs-lieux de la France, dont la viabilité des rues est bien inférieure à celle des nôtres. Nous devons au contraire faire remarquer que, depuis vingt ans, notre cité, sous ce rapport, s'est beaucoup améliorée, et qu'il ne reste que peu à faire.

Deuxième réflexion importante de Baliveau. « Et les abords de la cathédrale ? Tout le » monde sait qu'un de nos célèbres archéo-» logues Chartrains a gagné un torticolis » chronique, pour avoir trop regardé notre » vieux clocher. »

Ainsi que nous l'avons déjà dit, dans notre article sur le *Cloître Notre-Dame et l'Ane qui vielle*, Jérôme Baliveau se vantait d'avoir indiqué le mal, et trouvé le remède. Aussi, à

la suite du sage avis, notre Conseil municipal, après délibération, vota d'urgence, en
septembre 1866, la démolition de la façade
entière de l'Hôtel-Dieu, alors encore habité;
lequel vient, le 7 août dernier, un peu en
catimini, d'être transféré dans son nouveau
Palais du faubourg de Bonneval. Donc, à
bientôt, la destruction totale du vieil hospice,
fondé au XIIe siècle par la générosité de nos
pères, et érigé là sous les auspices et sous
la tutelle de Notre-Dame de Chartres. Cette
considération de voisinage d'une vénérable
basilique aurait, il paraît, semblé assez grave
pour empêcher les novateurs de l'édilité Parisienne de transférer l'Hôtel-Dieu de la capitale hors du parvis de Notre-Dame. Il serait
vraiment curieux de mettre en regard, les
uns des autres, les considérants qui ont contribué à déplacer l'un, et à maintenir l'autre
à sa place primitive. On pourrait, sans peine,
démontrer par quelles raisons spécieuses
celui de notre ville fut condamné à être relégué au loin, extra muros.

Troisième réflexion plus facétieuse encore
de Baliveau : « Et sur ce fameux boulevart
» Saint-Michel, dont vous parlez tant, l'autre
» soir, mon cousin Patouillet, chantre à Lu-

» trincourt, se heurta à ce second trottoir,
» qui est un vrai casse-cou, et revint chez lui
» l'œil noir comme un chapeau. » (il fallait
dire au moins un chapeau noir).

Il est destiné à être constamment heureux
dans l'émission de ses idées, ce bon Baliveau,
puisque le Conseil municipal, sans doute à
la nouvelle de la terrible chute éprouvée par
le cousin Patouillet sur ce maudit boulevart, s'empressa de faire enlever ce second
trottoir si malencontreux; pourtant il existait en cet état depuis l'origine de cette promenade. Grâce soit donc rendue au génie
observateur et philanthropique de Baliveau!

Quatrième observation du même auteur :
« Aux halles, Dieu merci, nos femmes sont
» à l'abri; aimez-vous les marchés? On en a
» mis partout; pour être plus à l'aise, ils vont
» s'éparpiller au dedans, au dehors, comme
» un petit essaim de mouches qui s'envo-
» lent ».

Ceci, mon cher Baliveau, en dehors du
papillonnage que vous prodiguez, avec tant
de légèreté, est une question grave et com-
plexe, qui demande des développements,
pour être bien comprise. Une personne qui
m'a assuré avoir un avantage que je n'ai pas,

celui de vous connaître autrement que sous vos noms de guerre de Baliveau et de Marcadet, m'a affirmé qu'il y a trois ans environ, vous lui aviez développé de beaux projets, à ce sujet, des plus simples à comprendre, mais un peu plus difficiles, peut-être, à exécuter. Afin de débarrasser toutes les places publiques de la ville, tant *intra* qu'*extra muros*, de ces myriades de marchés et de produits de toute espèce qui les encombrent (1) ; et surtout, en ce qui concerne les animaux des races chevaline, bovine, ovine et porcine, pas de grâce ni de pitié, disiez-vous. Notre homme aurait imaginé d'envoyer successivement les volatiles, les légumes et la marée, devinez où, chers lecteurs? Eh bien! dans le Clos Pichot, ou le Clos ou Jardin de Saint-Jean.

Il est vrai que, pour ce qui regarde ce

(1) Il est question, pour la foire Saint-Barthélemy prochaine, de déposséder le faubourg Saint-Cheron du marché aux chevaux qui depuis trois siècles se tient en cet endroit, ce jour-là. Du moins telle est la prétention des marchands de chevaux. L'autorité municipale, pensons-nous, maintiendra toujours les droits acquis des commerçants des quartiers portes Guillaume et Morard.

Clos, qui a été acquis au prix d'environ
90,000 francs, il serait juste et à propos de
lui trouver un emploi utile; question peut-
être assez difficile. On sait que ce lieu est
enfoui dans une vallée, et dominé, d'une
part par la Butte des Charbonniers, et de
l'autre, par les remblais du Chemin de fer
qui le borde, et entouré de Communautés religieuses, qui lui enlèvent tout espoir
d'avenir commercial. Ce lieu désert ne sau-
rait être laissé sans clôture et sans surveillance le soir; il faudrait employer, à son
égard, le moyen indiqué par un de nos ma-
gistrats, pour rendre accessibles les terrains
vagues qui avoisinaient le Théâtre : « A
» moins, disait-il, de mettre un réverbère
» ou un factionnaire à chaque arbre, ces
» lieux deviendraient bientôt un lieu de dé-
» bauche, un réceptable infect d'immondices
» et de saletés de toutes sortes (1). » Quelle
sera la destination future et définitive de cet
enclos? Nous l'ignorons.

Dans l'affiche d'enquête du 13 janvier 1866,
pour l'acquisition par la Commune du Clos
Pichot, il est dit : « Dans le but de procurer

______

(1) *Journal de Chartres* du 24 novembre 1861.

» à la ville un emplacement convenable, et
» d'une étendue suffisante, pour les Con-
» cours régionaux, Comices agricoles, expo-
» sitions diverses et fêtes publiques. » Ce serait un terrain un peu cher, si son emploi ne
consistait qu'en cela ; mais déjà des bruits
avant-coureurs, des cancans, des projets
sérieux peut-être (1), sembleraient annoncer
que, dans un avenir prochain, les marchés et foires aux moutons et aux chevaux
devront aller s'installer en cette vallée. S'il
en était ainsi, il faudrait donc songer encore à revendre les terrains nouvellement
acquis pour les foires aux moutons, dans le
quartier des Bas-Bourgs, ainsi que l'on a fait
récemment pour ceux avoisinant le Théâtre.
Ces transactions sont, je l'avoue, de bonnes
aubaines pour les notaires et l'enregistre-
ment, et un peu moins pour la cité.

Mais je ne pourrais, à ce sujet, dissimuler
toute ma pensée : il serait dangereux, selon
moi, d'établir un marché aux chevaux en cet
endroit et si près du chemin de fer, et surtout
de la gare, où à chaque instant le sifflet stri-
dent des locomotives qui arrivent ou qui

(1) Voyez *Le Glaneur* des 11 et 18 juillet 1867.

partent ne pourrait manquer d'effrayer les
chevaux agglomérés à la base même de la
voie; je crois les voir se ruer tout effarés à
travers la foule, ainsi que nous l'avons re-
marqué sur la ligne de Bayeux à Cherbourg.
Quant à établir en cet endroit un marché
pour les foires aux moutons, je signalerai
une difficulté, par suite du manque de dégagement des abords sur ce point. Attendons
la mise en œuvre, et nous constaterons s'il y
a, oui ou non, des intérêts individuels ou de
propriété en jeu, dans toutes ces innovations
de fantaisie ou de simple engouement.

Ainsi et conséquemment, grâce aux idées
lumineuses de notre concitoyen Baliveau,
les autres marchés subiraient le même sort,
et seraient successsivement, et à bas bruit,
transportés dans le Clos Pichot. Alors jubila-
tion générale de la part des commerçants de
la ville de Chartres, qui verraient toutes nos
places débarrassées d'animaux de boucherie,
de sacs, de paniers à volailles et à légumes,
et transformées par suite en squares odori-
férants, avec cascades et jets d'eau; aussi ces
excellents boutiquiers s'enrichiraient de sen-
teurs et se nourriraient d'admiration. Pas de
difficulté non plus à ce que le Jardin d'Hor-

ticulture, maintenant trop éloigné, soit
transplanté sur la place des Epars au centre
de laquelle serait triomphalement érigée la
statue de l'illustre Baliveau, en lieu et place
de celle de Marceau reléguée près du céno-
taphe érigé en son honneur sur la place qui
porte son nom. Chartres serait alors un vrai
pays de Cocagne, un nouvel Eden, au sein
duquel ne retentiraient plus les bruits d'ate-
liers, mais bien celui des voix harmonieuses
des orphéons, des saxophones et des sarru-
sophones. Il s'ensuivrait un bonheur parfait
pour la cité Chartraine!!!

Mais une chose qui m'a sérieusement im-
pressionné, au milieu de tous ces sages conseils d'innovations suggérés par le facétieux
Baliveau, c'est le passage suivant : « Aux
» halles, Dieu merci, nos femmes sont à
» l'abri. » On sait qu'à Chartres les marchés
couverts manquent totalement, et c'est en
vain que, depuis de longues années, on a
réclamé l'urgence de cette dépense. Cependant une délibération du Conseil municipal
de notre ville, du 31 octobre 1811, relative
aux règlements des marchés, article 39; et
un arrêté du maire, du 20 septembre 1817,
article 21, sur le même objet, portent ces

mots : « *Aussitôt que les revenus de la ville le* » *permettront, il sera établi des marchés cou-* » *verts, où les places seront numérotées et mar-* » *quées.* » Voici plus d'un demi siècle que le projet mis en relief par Baliveau existe en principe, et rien n'est encore indiqué dans les nouveaux projets d'amélioration touchant cet objet. Il nous semblerait pourtant assez logique que l'utile passât avant l'agréable. Il y a d'ailleurs engagement moral et priorité à ce sujet; mais est-ce suffisant?

Ce n'est pas sans tristesse, que l'on traverse en été ou en hiver le milieu de la place Billard, de la Place Marceau et surtout de la Poissonnerie, où s'aperçoivent quelques étaux en plein vent, sans le moindre abri pour ces pauvres femmes, exposées toute l'année aux intempéries des saisons, et dont la marchandise, à l'odeur si souvent nauséabonde, gêne le voisinage par ses émanations délétères; il serait pourtant possible, il nous semble, d'établir, à peu de frais, dans la vaste *Maison du Saumon*, avec une issue sur la place Billard, par une des constructions de l'aile gauche, un grand local pour la vente du poisson; ou bien de créer une Poissonnerie couverte, en l'édifiant sur l'emplacement des

maisons de la Poissonnerie, portant les nᵒˢ 5
et 6, et contenues entre les tertres du Petit-
Cerf et aux Rats. Ce local, qui serait situé
sur la crête du coteau, parfaitement isolé et
aéré, pourrait être pourvu d'eau en abondance, avec dalles, bassins et tables de pierre.
Comme modèle en ce genre, nous pourrions
citer le Marché au poisson de Blois. Ce serait
là au mois une dépense utile et nullement
ruineuse. Enfin, à notre avis, nos édiles devraient imaginer quelque chose de mieux
que ce qui existe actuellement. Quoique peu
éloignée des ports de mer, notre ville est
pauvrement et chèrement approvisionnée de
marée fraîche, tandis qu'à Paris, elle s'y
trouve à la portée de toutes les bourses. Chez
nous la viande se vend fort cher, et l'ouvrier
pourrait la remplacer avantageusement, et
avec économie, par le poisson commun. Il
faut se souvenir qu'avec des moyens de transport bien plus difficultueux, notre Poissonnerie était autrefois beaucoup mieux alimen-
tée que de nos jours; trois porches et cinq
étaux abrités dans des maisons étaient occupés par la vente au détail, et si une Poissonnerie couverte pouvait avoir lieu, chose
peu dispendieuse et des plus équitables, on

pourrait alors crier merveille et concevoir de flatteuses espérances pour l'avenir.

Je déclare donc qu'en ce qui concerne les marchés couverts dans notre ville, je donne mon entière adhésion à Jérôme Baliveau; et s'il jugeait à propos de se faire connaître, nous irions de grand cœur, mais pour ce motif seulement, lui serrer la main. Je suis même quasi certain que nos jardinières-maraîchères s'empresseraient de lui offrir, en reconnaissance, un magnifique cantalou, et nos poissonnières un gros bouquet de fleurs.

En poursuivant cette idée, j'examine si dans les côtés du vaste parvis projeté devant l'église de Notre-Dame, ou dans les dépendances de l'ancien Hôtel-Dieu, en cas qu'on soit décidé à ne pas les transformer en Bibliothèque, Musée, ou tout autre local municipal, j'examine, dis-je, si, au lieu de chercher à édifier en ce lieu des bâtiments particuliers impossibles, un marché couvert ne pourrait pas y être construit. C'est encore une question bonne à étudier, puisqu'il est convenu, en haut lieu, qu'un marché couvert n'est pas réalisable sur la place Billard, et d'autant mieux encore, que l'on veut créer du nouveau, à quelque prix que ce soit.

Notre ami Baliveau nous a parlé bien peu,
et pour cause, du Marché aux Veaux, seule
halle couverte que nous possédions. Cette
innovation servit injustement de mot d'ordre,
pour aider à jeter de la défaveur sur la précédente administration municipale (1); il y
avait, disait-on, urgence à ériger cette halle,
attendu que les villes de Maintenon et de
Dreux avaient fait ce sacrifice, pour faciliter
la vente de ces innocents animaux, qui, as-
sure-t-on, avaient menacé de condamner
notre ville à la soustraction de leur produit.
Mais comme le risque est moins grand à
l'égard des légumes, volailles et poissons,
qui n'ont fait jusqu'ici aucune menace sérieuse de nous livrer à la disette, on ne craint
pas d'abandonner nos jardinières, poulaillères
et poissonnières aux ardeurs du soleil pendant les étés, à la rigueur de la froidure
pendant les hivers.

(1) Nous entendons toujours désigner, sous la
dénomination d'administration municipale, la majorité du Conseil, qui vote ou prend une décision.
Il est fâcheux que ces sortes de votes ne soient
pas produits en public, ainsi que ceux du Sénat
et du Corps législatif, ce serait le moyen d'éclairer les électeurs, touchant le mandat qu'il s'agit
de confier à quelques-uns de leurs concitoyens.

Pour terminer, disons que, dans un dernier et sublime effort de sa douleur, ce bon Baliveau, si affectionné pour les Chartrains, a encore écrit : « Faut-il que nos enfants » écrasés dans nos rues viennent enfin vous » prouver qu'il faut les élargir? Et la purée » qu'on nous donne ici pour de l'eau claire, » vous vous en contentez, vous qui n'en bu- » vez pas. »

Ainsi que dans *Idées de Mme Aubray*, je répéterai : « C'est raide! » Cependant c'est beau et pathétique; ce cri ne doit sortir que d'une âme grande et sensible. Quant à la *purée* donnée pour de l'eau claire, cette remarque, si délicatement accentuée. a, de suite, décidé notre édilité à se mettre à la recherche d'une source d'eau limpide et abondante, afin de calmer l'indignation de l'auteur.

L'on m'assure, à l'instant, qu'un projet colossal doit être soumis, sous peu de jours, au Conseil municipal de Chartres, et aussi au Conseil général d'Eure-et-Loir. Il s'agit d'un vaste tracé d'ensemble, concernant l'agrandissement et l'embellissement des dependances de notre Préfecture, projet monumental et si grandiose, qu'il culbuterait, en partie, tous les terrains compris dans le périmètre de la Gare à la Préfecture, et de la rue de la Couronne à la rue d'Amilly. Si ce projet était adopté, Chartres serait à la veille d'être, à l'instar de Paris, *Haussmannisé*. Ce bruit a-t-il sa raison d'être? Nous le croyons. Mais sera-t-il adopté? Là est la question. Encore quelques jours de patience, et notre Conseil général, en partie reconstitué, se chargera de nous dire, à ce sujet, son dernier mot. Généralement les contribuables sont assez indifférents, lorsque leurs représentants votent seulement des vœux, mais ils prêtent plus attentivement l'oreille à la question, lorsqu'il s'agit de voter des contributions, et surtout des emprunts.

Soyons hommes de progrès, mais un peu moins que l'ardent Baliveau; et espérons que notre administration municipale ne suivra pas toujours les conseils ruineux de ce novateur. Ainsi soit-il.

17 août 1867.

LA BEAUCE AURA-T-ELLE UN CANAL ???

> C'est chose forte s'entremettre
> du commun.
>
> (*Prov. Gallic.*, XV° siècle.)

Voici que les Beaucerons sont mis en émoi par l'avant-projet d'un canal devant traverser la Beauce Gâtinaise, et conduire l'eau de la Loire, prise à Cosne (Nièvre), directement à Paris, et cependant en délaisser une partie dans nos plaines. Une enquête, ouverte à ce sujet, aura-t-elle un résultat sérieux et applicable d'une manière économique aux besoins de l'agriculture? Il est permis d'en douter. Laissons donc les novateurs se mirer d'avance dans les eaux du futur canal de la Beauce et s'ingénier à en démontrer les avantages et surtout les avantages pratiques. Quant à nous, simple chercheur d'antiquailles locales et de vieilles paperasses, qui ont trait à notre ancienne province, nous nous proposons de faire connaître combien de projets, à propos de canaux plus sérieux que celui qui fixe l'attention en ce moment, sont tombés dans l'eau, mais jamais dans celle d'un canal quelconque mis à exécution.

Dans l'Inde, au climat torride, sans l'aide des nombreux établissements d'irrigation et d'arrosage, la culture n'existerait pas. Aussi, les lois de Manou recommandent elles de faire creuser des étangs, tout en défendant formellement au roi de détruire les pièces d'eau, même celles d'un ennemi ; elles punissent d'une forte amende celui qui détourne un étang, et ordonnent de noyer celui qui romprait une digue et occasionnerait la perte de l'eau ; enfin, elles imposent des pénitences sévères à celui qui l'aurait souillée (1). Eh bien ! en ce qui concerne la France, la Beauce

(1) *Recherches sur les arrosages chez les peuples anciens*, par Jaubert de Passa.

est semblable à l'Inde, sous le rapport de la disette d'eau.

Il est étonnant qu'aucun de nos géographes n'ait signalé un fait singulier et unique, puisqu'il ne se rencontre, en France, que dans Eure-et-Loir ; c'est la grande étendue et l'altitude élevée, sous forme de plateau, du territoire de la Beauce, et cela joint à la constitution calcaire du sol ; c'est ce qui explique pourquoi, après avoir traversé à Chartres la rivière d'Eure au pont de la Courtille, il faut ensuite parcourir soixante-douze kilomètres (18 lieues !) sans rencontrer le moindre ruisseau d'eau vive, c'est-à-dire franchir la route d'Orléans, passant par Allonnes, Ymonville, Allaines, Artenay, et enfin arriver au pont d'Orléans, pour rencontrer la Loire et pouvoir se rafraîchir sur le bord d'un cours d'eau. N'oublions pas que le département d'Eure-et-Loir est celui de tous ceux de France, qui possède le moins d'espace de sol submergé, puisque les rivières n'y occupent que 776 hectares, et les étangs 696 hectares.

Colbert fut chargé par Louis XIV, le *Roi soleil,* vers la fin du XVIIe siècle, d'aviser aux moyens d'amener l'eau potable à Versailles. Ce ministre intelligent s'adressa, dans

ce but, à Paul Riquet, entrepreneur du canal
du Languedoc ; ce dernier se mit en tête de
prendre l'eau destinée à Versailles, dans la
Loire, au moyen d'un canal ; mais cette idée
et les plans à l'appui, soumis à un examen
approfondi , furent déclarés inexécutables.
C'est alors que l'on songea à appeler, en
France, le célèbre charpentier hollandais
Swalm-Renkin , plus connu sous le nom de
Rennequin (1), qui commença, en 1675, la
fameuse machine de Marly, laquelle fut terminée en 1682 (2). Le roi, après avoir constaté
l'insuffisance de l'eau montée au Réservoir

(1) Déjà par Lettres du 24 février 1623, Louis XIII
avait nommé Intendant des fontaines publiques
de Paris l'italien François Franchini.

(2) Un Edit donné le 8 avril 1599, par Henri IV,
accorde à Humfrey Bradléij, de Berg sur le Zoom,
au duché de Brabant, une Commission spéciale,
par laquelle il lui concède par privilége moitié
de la propriété des marais qu'il aura desséchés ;
et en janvier 1607, un nouvel Edit accorde à
Bradléij et à d'autres gentilshommes hollandais
financiers, ses associés, le privilége pendant vingt
ans de faire dans les marais desséchés, « froma-
» ges à la façon de Milan, tourbes et houilles de
» terre propres à brusler, comme aussi y faire
» venir des cannes à sucre, du riz et de la ga-
» rance. »

par cette machine, sur la proposition de La
Hire et de Vauban , ordonna la construction
d'un canal partant de Pontgouin, pour aboutir
à Versailles, afin d'y diriger l'eau de l'Eure.
L'unique résultat de cette entreprise gigan-
tesque fut la construction de l'aqueduc de
Maintenon ; car, en dépit des ordres du puissant monarque et du génie de Vauban, l'eau
de l'Eure refusa de se rendre au lieu projeté.

Cette rivière a été navigable jusqu'au XVIe
siècle, depuis Chartres jusqu'au Pont-de-
l'Arche, où elle se jette dans la Seine,
mais sa navigation était interrompue par de
fréquentes intermittences, provenant du fait
des guerres civiles ou du mauvais vouloir
des Seigneurs féodaux, maîtres des lieux
qu'il fallait traverser, et qui pillaient ou ran-
çonnaient à merci les bateliers et les marchandises. En 1704, Madame de Maintenon
voulut faire revivre le commerce dans notre
contrée, par la voie fluviale, et même en
étendre le parcours jusqu'à la forêt de Senon-
ches, pour le transport des bois ; la mort de
son royal époux empêcha ce projet d'arriver
à un résultat définitif.

A la fin du XVIIe siècle, les nommés Jacques
Leroux, Gaspard Imbert et compagnie, firent

présenter au Roi un placet par lequel ils s'obligeaient « de faire tous les frais et dépenses » nécessaires pour rendre navigable la rivière » du Loir, depuis le Lude jusqu'à Bonneval, » avec les mêmes priviléges que ceux du Canal de Briare. Un arrêt du 13 mars 1699, rendu sur cette requête, donnait Commission à M. de Bouville, intendant de la Généralité d'Orléans, d'examiner les propositions Leroux et Imbert, et le 10 mai suivant, le sieur Poictevin, architecte et ingénieur du Roi, était chargé de vérifier les plans de ce projet, qui resta sans exécution, et cependant un arrêt du Conseil, donné à Marly le 24 avril 1703, réglait le service de la navigation du Loir.

Au XVIIIe siècle, le commerce progressait dans notre province, mais les guerres maritimes presque continuelles, soit avec l'Angleterre, soit avec la Hollande, empêchaient le cabotage par les ports de Nantes et de Rouen, les seuls ports qui facilitaient économiquement pour notre contrée le trafic et l'écoulement des marchandises ; il y avait bien la voie de terre reliant Rouen à Orléans et la Seine à la Loire, mais les chemins étaient généralement en très mauvais état d'entretien, et par suite, le prix des transports devenait des plus dispendieux ; ce fut alors qu'en 1737, M. Joubert de Villeneuve obtint de Louis XV des lettres-patentes, qui l'autorisaient à créer un canal de jonction du Loir à l'Eure, ayant ses extrémités, l'une sur la paroisse de Saint-Germain-le-Gaillard et l'autre sur celle de Sandarville ; par ce moyen, la Loire et la Seine devenaient unies et navigables, grâce à ce trait-d'union, au moyen de leurs affluents (1).

MM. Lafond et Guillois, ingénieurs du Roi, furent, en 1741, nommés par l'Intendant d'Orléans pour lever les plans, afin de rendre le Loir navigable : le procès-verbal de leurs plans et devis d'estimations, daté du 5 décembre 1741, se montait à 1,127,381 livres. En 1756, M. Joubert de Villemarest voulut encore donner suite à cette première idée d'un canal de jonction ; il prit, comme points extrêmes, le ravin de Saint-Germain-les-Alluyes et le Pont Tranchefêtu, mais ceci n'eut aucun résultat pratique ; l'exécution

____

(1) *Mémoire pour la navigation de la rivière du Loir avec sa jonction avec l'Eure.* (Paris, Simon, 1756), in-4° de 12 pages.

devait s'élever à la somme de 1,600,000 livres.

En l'année 1785, M. le duc de Luynes, propriétaire de deux immenses forêts situées sur les bords du Loir, voulant, afin de tirer un parti plus avantageux de ses bois, rendre cette rivière flottable, en fit faire les plans et le nivellement. Il remit au Conseil du Roi un mémoire signé de lui et appuyé par M. Bouchet, ingénieur en chef de la Généralité d'Orléans. Au moment d'obtenir cette concession, la disgrâce du ministre De Calonne, contrôleur général des finances, fit avorter le plan proposé.

En 1791, l'architecte Houard, entrepreneur de travaux publics, présenta un projet qui fut adopté ; il avait pour but de poursuivre l'idée du tracé de 1737 ; il s'agissait d'établir un service de navigation passant par Vernon, Cherisy, Nogent-le-Roi, Maintenon, Chartres, Bonneval, Châteaudun, Vendôme, Montoire, Le Lude, La Flèche, Durtal et Angers ; mais les événements politiques de cette époque calamiteuse firent ajourner l'exécution de ces travaux (1).

(1) L'administration du département d'Eure-et-Loir, celle du District de Châteaudun et la Muni-

En 1793, le citoyen Clavaux, à la tête d'une société de capitalistes, présenta à la Convention nationale un autre projet, ayant pour but le même résultat, la jonction du Loir à l'Eure. (Le canal à créer, partant du Pont-Tranchefêtu à Bonneval, avait aussi pour conséquence d'unir la Seine à la Loire.) Un décret n° 1447, rendu par la Convention, le 26 juillet 1793, et rédigé en seize articles, en autorise l'exécution ; mais ce plan eut le sort de tous ses aînés, c'est-à-dire qu'il n'eut aucun commencement de mise en œuvre. Les sociétaires jugèrent avoir plus de profit. en employant leurs capitaux à l'acquisition de biens nationaux. S'il est vrai qu'en France les hommes à projets ne font pas défaut, on peut remarquer que souvent, et surtout en l'an de grâce 1868, les capitaux sont timides à sortir du coffre où ils sont mis en réserve par les spéculateurs, à moins que, pour les encourager, on ne leur offre, avec presque certitude, l'espoir d'un gros dividende.

cipalité de la même ville, accueillirent avec enthousiasme un Mémoire qui leur fut présenté en 1791, au sujet de cette navigation, par les *Amis de la Constitution de Châteaudun.*

Jusqu'ici nous n'avons pas encore vu apparaître dans cette revue retrospective, l'idée d'un canal ayant la hardiesse de traverser le Sahara de la Beauce, dans le but de faciliter le transport à bas prix, soit des engrais ou des amendements, ou bien encore pour l'écoulement des produits agricoles et commerciaux, ou pour la fourniture d'eau pouvant servir aux besoins domestiques des agriculteurs, ainsi qu'à l'irrigation de ce sol calcaire profondément altéré.

En ce moment, deux personnes se présentent dans l'intention de nous doter en tout ou partie, de ces moyens prétendus économiques et productifs : ce sont MM. Armand de Bouraine, d'une part, et Sellier d'autre part ; nous n'en sommes encore qu'à l'enquête d'avant-projet. Après avoir jeté un coup d'œil sur les plans et pièces d'enquête, nous avons cru reconnaître beaucoup d'obstacles à vaincre et beaucoup d'argent à dépenser pour arriver à un résultat pratique, celui de faire couler l'eau de la Loire dans la Beauce. Quant à la conduire à Paris, nul embarras : cette capitale est une fée qui, semblable à Moïse, n'a qu'à frapper de sa baguette d'or sur un rocher, et, comme lui, elle en fera sortir un torrent ; cependant un semblable prodige ne s'opèrerait pas, sans l'aide de nombreux millions. Mais une pareille ressource est loin d'être à la disposition de nos cultivateurs Beaucerons pour souscrire largement aux nouveaux projets de canaux, ou plutôt de distribution d'eau.

Nous venons, aujourd'hui, signaler à l'admiration de nos concitoyens un homme que l'on pourrait classer parmi les *oubliés* et les *dédaignés*, un ami de l'humanité, de l'économie domestique et de l'agriculture, un précurseur utile à la société en général, et aux intérêts des Beaucerons en particulier. Nous voulons parler de noble homme Charles de Lamberville, avocat au Parlement de Paris et au Conseil privé du Roi. Le 7 juillet 1624, ce novateur obtint, de nos échevins Chartrains, la convocation d'une assemblée au sein de laquelle il put développer, dans la chambre du Conseil, à l'Hôtel-de-Ville, un projet bienfaisant, en faveur des populations agricoles de notre province. La séance étant ouverte, il prit la parole et fit l'exposé suivant :

« Que, désirant établir par toute la France
» l'usage des Tourbières pour le rétablisse-
» ment des Pâturages, Rivières et Forêts, il

» se seroit acheminé dans le Païs de Beauce,
» comme le plus propre et ayant le plus
» grand besoin de l'exécution de son des-
» sein , et sondé plusieurs marécages et
» terres inondées le long des rivières d'Eure,
» Conies, d'Auneau, et deux autres ayans
› leur décharge dans les rivières d'Etampes (1)
» et Pluviers (2) ; dans lesquels marécages
» et terres inondées il a trouvé quantité de
» terres combustibles appelées Tourbières,
» par l'utile emploi desquelles on peut faire
» des canaux pour mettre à sec , durant
» l'hiver, lesdits marécages et terres inon-
» dées, et icelles arroser durant les grandes
» sécheresses, et, par la décharge desdits
» canaux, remplir les ruisseaux et rivières
» et les rendre navigables ; offrant son in-
» dustrie, moyennant récompense, lors de
» la jouissance, ou d'y faire travailler, sous
» le bon plaisir du roi, à ses frais et dépens ;
» aux charges, clauses et conditions accor-
» dées par Sa Majesté pour les *minières, des-*

(1) La Chalouette et la Louette, qui tombent
dans la Juine.

(2) La Laye, qui est un des affluents de l'Œuf,
qui passe à Pithiviers.

» *sèchements des marais et nouvelles naviga-*
» *tions des rivières de France* (1). Suppliant
» Messieurs les Echevins et Gouverneurs, pour
» accélérer l'exécution d'un si grand bien,
» vouloir, sur ce, donner avis à Sa Majesté,
» et cependant permission et consentement
» de faire une épreuve et essai dans les
» Usages de Béville, près d'Auneau (2). »

Notre Echevinage resta froid et impassible, au développement de ce projet ; le Conseil cependant, remercia l'auteur et lui promit de prendre, le jour même, à ce sujet, une délibération dont on lui ferait connaître le résultat. Mais le sieur de Lamberville sembla comprendre, en voyant la physionomie de nos Ediles, qu'ils n'avaient pas l'enthousiasme suffisant pour l'aider à poursuivre fructueusement son idée. Il se retira, en concevant peu d'espérance sur le succès de sa communication.

Nos Echevins continuèrent cependant leur séance ; on y discuta vivement, et avec force commentaires, contre le projet du sieur de

(1) Voyez les Edits et Déclarations des 8 avril 1599, janvier 1607, 5 juillet et 16 octobre 1613.
(2) Béville-le-Comte, canton d'Auneau.

Lamberville, et l'on prit la délibération suivante : « Attendu qu'il n'y a aucun com-
» mandement de Sa Majesté, ni Ordonnance
» du Conseil, adressans aux Echevins et Gou-
» verneurs de la ville, et que, quand il y en
» auroit, on ne pouroit donner aucun avis
» ni consentement sur la proposition du
» sieur de Lamberville sans faire assemblée
» générale des habitants de la ville; et encore,
» que ladite assemblée ne pouroit faire aucune
» résolution que pour la Ville et Banlieue, et
» non pour le reste de la Province, tous les
» Ordres de laquelle pouvant être intéressés
» en ladite proposition ; et que ledit sieur
» de Lamberville ne s'est point ouvert des
» moyens qu'il voudroit tenir en l'exécution
» de son dessein, ni à laquelle condition il
» voudroit prendre des terres et héritages
» appartenans tant aux particuliers, qu'aux
» Communes de Villages et Paroisses, soit du
» consentement des propriétaires, en les dé-
» dommageant ou autrement ; ni aussi
» comme il entendoit dériver les canaux
» pour faire écouler les eaux, et même son
» dessein n'auroit été autrement trouvé si
» utile et nécessaire à la ville. A été résolu
» et arrêté, qu'il ne lui peut être, quant à

» présent, donné aucun avis, permission ni
» consentement, à l'effet et espérance de sa
» proposition (1). »

Cette délibération, sous apparence de formes légales, laisse apercevoir, dans son contexte, un parti pris de repousser le projet; elle fut expédiée au sieur de Lamberville, lequel a été contraint, malgré son bon vouloir d'innovations utiles et ses études spéciales, de laisser nos Beaucerons dans leur routine agricole.

La cause de ce fâcheux résultat peut s'expliquer ainsi : nos Echevins avaient en tête l'idée plus utile, suivant eux, pour la ville de Chartres, de faire revivre la navigation de l'Eure, de Chartres à Nogent-le-Roi, dernière ville où la rivière, depuis un demi-siècle, n'était plus en état de porter bateau.

Aussi, nous voyons, le 14 octobre 1624, Me Nicole Du Plessis, lieutenant-général, assisté de MM. De la Poustoire et Edeline, échevins, invités par leurs collègues à se transporter à Paris, pour y complimenter le nouveau Chancelier de France, qui était le chartrain Estienne Haligre, sieur de Chon-

(1) *Reg. des Echevins*. Séance du 7 juillet 1624.

villier (1), et le 19 du dit mois, M. le Lieutenant-général fit, à la Chambre de Ville, un rapport sur le voyage des députés à Paris, sur leur bonne réception de la part du chancelier Haligre, qui leur témoigna sa bonne affection pour la ville ; les ayant même assurés qu'il les aiderait de tout son pouvoir dans leur dessein, au sujet de la navigation de l'Eure (2). Cette démarche et la protection officielle de ce haut personnage furent le dernier coup porté au projet du sieur de Lamberville.

En effet, dès le 12 novembre suivant, les Echevins durent nommer deux de leurs collègues, MM. Nicole et Lefèvre, pour assister Me Claude Rabet, conseiller au Bailliage, et Jean Grenet, procureur du Roi, afin d'accompagner l'un des Trésoriers de France et

---

(1) Nom transformé en d'Aligre ; étant président au Parlement de Bretagne, il fut créé Garde-des-sceaux le 2 janvier 1624, et nommé Chancelier le 3 octobre de la même année, au décès de Sillery. Etienne d'Aligre fut exilé dans son château de la Rivière le 1er juin 1626, et remplacé dans ses fonctions, par Michel de Marillac.

(2) *Reg. des Echevins.* Séances des 14 et 19 octobre 1624.

deux Ingénieurs-Architectes du roi, pour
visiter la rivière d'Eure, de Chartres à Nogent-le-Roi. La Lettre de Commission donnée
par Sa Majesté, à ce sujet, fut lue et enre-
gistrée à l'Hôtel-de-Ville de Chartres ; en
voici la teneur :

« Louis, par la grâce de Dieu, roi de Fran-
» ce et de Navarre, à notre très cher et bien
» amé, Mᵉ Claude Rabet, conseiller aux Bail-
» liage et siége Présidial de Chartres, Salut :
» nous vous mandons et commettons, par
» ces présentes, qu'avec un des Trésoriers
» Généraux de France, à Orléans, qui sera
» député par ses confrères, et MM. Mercier
» et DE CAUX, *Architectes et Ingénieurs*, vous
» aïés à vous transporter sur la rivière d'Eu-
» re, depuis notre ville de Chartres, jusqu'à
» Nogent-le-Roy, et avec eux faire visite de
» ladite rivière ; ensemble des ouvrages et
» récompenses des moulins et héritages qu'il
» convient faire, pour la rendre navigable,
» dont vous dresserez procès-verbal, qui con-
» tiendra le devis et estimation desdits ou-
» vrages et récompenses, et de ce tout, pou-
» ra coûter ; lequel vous nous envoirés en
» notre Conseil, pour, icelui vû, être par
» nous ordonné ce que de raison. De ce faire

14

» vous donnons pouvoir, autorité et mande-
» ment spécial ; car tel est notre plaisir.
» Donné à Saint-Germain-en-Laye, le 2 oc-
» tobre 1624, et de notre règne le quinzième.
» Signé par le Roi en son Conseil. De Fles-
» selles. » Scellé du grand scel de cire jaune
sur simple queue (1).

Quel fut le résultat de cette visite ? nous
l'ignorons, puisque ce n'est qu'en 1704, que
nous voyons tenté de nouveau ce projet de
canalisation par Mme de Maintenon, mais
sans résultat ! Est-ce l'état des dépenses ex-
cessives qui en fut cause, ou bien plutôt les
obstacles suscités par les Seigneurs riverains
qui en empêchèrent la réalisation ; nous pensons que ce furent ces deux motifs réunis.

Le lecteur aura peut-être, comme nous, re-
marqué, dans le contexte de la Lettre de
Commission du Roi, un nom célèbre en France, et dont la biographie trop ignorée a fait
un personnage presque légendaire ; c'est celui de *De Caux* (2), né en Normandie, en

(1) *Reg. des Echevins.* Séance du 12 novembre
1624.

(2) L'on écrit ce nom de trois manières : *Caus,
Cau's,* ou *Caux.* Voy. la *Biographie universelle,* de

1576 · il était à Londres, en 1612, et il se mit au service de princes Allemands, de l'année 1614 à 1620 ; en 1624, il était de retour en France, et en cette même année, sur le titre d'une nouvelle édition de son ouvrage intitulé : *Les Raisons des forces mouvantes*, il se qualifie du nom d'*Ingénieur et Architecte du Roy*, faits qui semblent nous donner raison de croire, que Salomon de Caux vint à Chartres, en 1624, apporter ses lumières et ses conseils, pour la canalisation de l'Eure ; puisque dans la Lettre de Commission, nous trouvons sa qualification, son nom, ainsi que la date où il exerçait son talent, à la Cour. Enfin tout nous porte à émettre et soutenir cette idée. Cet homme illustre nous intéresse également, au point de vue scientifique ; car un fabricant de biographies (S. Henry Berthoud), en a fait un martyr de la science et une des victimes du cardinal de Richelieu.

Dans maintes occasions, il est bon de suivre le conseil de Sénèque, qui prescrit : « de » ne jamais croire légèrement tout ce que » l'on vous raconte ; les uns déguisent la

Hoëffer (Paris, Didot.) et le *Magasin Pittoresque*, t. XVIII. p. 193.

» vérité pour tromper, les autres, parce
» qu'ils ont été trompés. » Salomon de Caux
fut l'un des précurseurs de la mise en œuvre
de la vapeur. Certains romanciers, ayant plus
d'imagination que de bon sens, ont égaré
l'opinion publique à son sujet, en fabriquant
une lettre apocryphe émanant de Marion Delorme, et datée du 3 février 1641 (six ans
après la mort de Salomon de Caux), dans laquelle cette courtisane raconte, qu'ayant au
bras le marquis de Worcester, elle visita
la maison de fous de Bicêtre, et aperçut,
à travers les barreaux de fer d'un cachot,
Salomon de Caux, réputé fou et enfermé en
cet endroit, par ordre de Richelieu. Ce récit
erroné donna occasion à un artiste, M. Lecu-
rieux, de reproduire, dans un tableau de
l'Exposition de peinture de 1845, cette visite
de Marion Delorme ; cette scène apocryphe,
remplie d'anachronismes historiques, im-
pressionna vivement l'opinion publique. Salomon de Caux fut plaint et le cardinal de
Richelieu maudit (1).

(1) Pour cette lettre apocryphe voyez le *Livret
de l'Exposition de* 1845, et pour la reproduction
du tableau, l'*Illustration*, t. V, 1845; p. 40.

Il semble bien avéré, actuellement, que Christophe Colomb n'était pas un aventurier, ni un ignorant, naviguant au hasard ; de même faut-il reconnaître que l'emprisonnement et la torture subis par Galilée (1), ainsi que la longue détention du Tasse (2), quoique célébrée en vers par C. Delavigne et Lamartine, sont bien hypothétiques ; mais des historiens poètes sont peut-être excusables.

Notre dissertation, touchant le sieur de Lamberville, et notre découverte à propos de Salomon de Caux, nous ont éloigné un peu de la canalisation beauceronne.

Ainsi deux projets sont en même temps à l'étude, pour donner de la vie à l'agriculture en Beauce : celui de M. de Bouraine et celui de M. Sellier ; l'un et l'autre ont pour but d'emprunter une grande quantité d'eau à la Loire, pour la distribuer, partie aux Parisiens, et partie à nos populations agricoles ; l'avant-projet de M. Sellier est, en ce mo-

(1) *Hist. des sciences en Italie,* par Libri, t. IV, p. 259.

(2) *Voyages en Italie,* par Valery, t. I, liv. VIII, ch. 14, p. 479.

ment, soumis à l'enquête légale qui a commencé, le 23 décembre dernier, et finira le 24 janvier 1868. Il s'agit d'un projet d'ensemble devant coûter 72 millions, non compris tous les frais de distribution de l'eau, dans un grand nombre de localités ; d'enlever au cours de la Loire 10 mètres cubes d'eau par seconde, et fournir une portion (3 mètres), pour satisfaire aux besoins de 550 communes, divisées en dix-huit zònes, lesquelles recevront les bienfaits du projet Sellier. Dans ce nombre, le département d'Eure-et-Loir entre pour un contingent de *cent onze communes*, ce sont toutes celles qui font partie du plateau de la haute Beauce (1). Ces différentes localités ayant été consultées sur l'opportunité et l'utilité de cette distribution d'eau, *quatre-vingt-dix* ont répondu favorablement à cette enquête ; mais elles ont sous-entendu, selon moi, que

(1) Nous ne pouvons pas omettre de signaler que le canal passera à Neuville-aux-Bois, à l'altitude de 123 mètres, et que l'altitude de diverses localités des cantons de Chartres et de Voves atteint celle de 163 mètres. Il existe donc une différence de 40 mètres d'élévation, afin de pouvoir parvenir à distribuer l'eau dans toute cette contrée.

ce serait moyennant une dépense minime de leur part, qu'elles coopéreraient aux frais énormes qu'entraîne cet emprunt d'eau fait à la Loire.

Les pièces d'enquête ne nous ont pas paru suffisamment explicites, au sujet des forces motrices de dérivation et de distribution du canal, pour l'alimentation de nos villages. Nous aurons peut-être occasion de revenir sur ce projet, lors de sa mise à exécution d'une manière définitive ; et Dieu seul sait les flots d'encre qui couleront et les discussions interminables qui auront lieu, avant qu'il nous soit permis de voir le sol beauceron arrosé par les eaux de la Loire. Nous ne désespérons pas entièrement de l'heureuse réussite de ce canal, car nous sommes dans le siècle des grandes entreprises et des travaux prodigieux enfantés par l'industrie privée et encouragés par l'Etat. Nous souhaitons que MM. de Bouraine et Sellier aient moins de déconvenues que le sieur de Lamberville ; du reste : *Tout vient à point à qui sait attendre et saisir l'occasion.*

Au moment où nous terminons cet article, une autre enquête est ouverte du 9 janvier au 31 du même mois, dans le but d'établir

une ASSOCIATION SYNDICALE POUR L'ASSAINISSE-
MENT DES VALLÉES DE LA CONIE, et pour rendre
à l'agriculture un sol fertile ; c'est là une
grosse question, je l'avoue, mais qui nous
semble plus pratique et plus utile que les
projets de Bouraine et Sellier, tant au sujet
des terrains actuellement incultes, qu'en vue
d'atténuer, dans un grand nombre de localités voisines de la Conie, les émanations pa-
ludéennes de ces marais pestilentiels qui
bordent cette rivière. Cette idée n'est pas
neuve, car M. de Boisvillette s'est occupé
pendant plusieurs années de projets sérieux
pour arriver aux résultats aujourd'hui soumis à cette enquête, lesquels étaient, en résumé, compris dans le programme, trop novateur pour son époque, de l'ingénieux sieur
de Lamberville.

3 janvier 1868.

UNE ÉPAVE DE LA RÉVOLUTION
DE 1793.

> La vérité n'a d'autre tribunal
> que la raison.
>
> (LABOULAYE.)

L'histoire du passé sera toujours l'histoire du présent, au triple point de vue physique, moral et religieux. Rien de neuf sous le soleil, surtout pour l'homme sérieux qui se complaît à rechercher et à étudier les mœurs et les coutumes de nos pères. Aussi devons-nous toujours nous appliquer à conserver avec soin tous les débris d'un autre âge généralement trop dédaignés : manuscrits, plans, tableaux et autres objets d'art, souvent oubliés et rarement collectionnés avec intelligence, et qui cependant pourraient nous initier, nous et nos descendants, à la connaissance de la véritable histoire du passé.

Lorsque l'Assemblée nationale ordonna, par son décret du 19 juin 1790 (1), la destruction des armoiries, ce fut le signal de l'anéantissement des œuvres d'art, que les iconoclastes mirent ensuite à l'ordre du jour, en 1793. On vit alors les églises dépouillées de leurs tableaux, statues, tombeaux, *Ex-voto*, précieux missels et reliquaires, sous prétexte qu'ils rappelaient, soit par leurs effigies, soit par les armoiries des donateurs, des types de la féodalité ou de l'idolâtrie. Certains moralistes ont avancé que l'esprit de destruction semble inné chez l'homme.

Nous venons signaler, aujourd'hui, à nos

(1) Ce fut à cette mémorable séance qu'une députation des Gardes nationales fédérées sous les murs de Chartres, fut admise à la barre de l'Assemblée pour déclarer et déposer l'acte « de vivre et mourir fidèles à la Nation, à la Loi et au Roi. »

concitoyens un tableau que le hasard nous a fait retrouver, et qui, dans l'origine, était un *Ex-voto* provenant de l'ancienne église collégiale et paroissiale de Saint-Maurice-lès-Chartres, détruite en 1797. Pour faire l'historique de cette peinture, nous prendrons, pour guide, la narration de l'historien chartrain Claude Savard, auteur d'une histoire manuscrite de cette ancienne paroisse de l'un des faubourgs de Chartres (1).

Il existait dans notre ville, au milieu du XVIᵉ siècle, un noyau de partisans des idées de la réforme religieuse de Luther. Au nombre des principaux se faisait remarquer, par son exaltation, Jehan Dubois, dit le *Nattier-Vert*, anglais d'origine, exerçant la profession de nattier (2). Il portait générale-

(1) Nᵒ 60, 2ᵉ partie des manuscrits de la Bibliothèque de Chartres. Chapitre VIII. — Voy. *Chroniques*, *Légendes*, *Curiosités et Biographies Beauceronnes*, par Ad. Lecocq (Chartres, Petrot-Garnier, 1867), page 219, un article sur la *Grotte Saint-Blaise*, *de Saint-Maurice*, et page 222, une note sur cet historien Chartrain.

(2) Aux XVᵉ et XVIᵉ siècles, les personnes aisées avaient tous leurs appartements du rez-de-chaussée couverts de nattes de jonc. Nous possédons un acte, passé devant les notaires du

ment, comme costume de son goût, un habit de couleur verte , bordé d'un galon jaune. C'est ce qui lui avait valu le sobriquet de *Nattier-Vert*, sous lequel il était vulgairement désigné. Cet individu habitait la paroisse Saint-Maurice, où il avait épousé Jacquette Marran, native de cette même paroisse, et qui professait la religion catholique.

Pendant longues années, cette union était restée stérile. Enfin, Dieu prenant en pitié les larmes, les prières et les désirs de cette épouse, lui envoya un fils, dont elle accoucha , le mardi de Pâques, 13 avril 1574. Cette femme avait, pendant son état de gestation, senti ce rejeton si désiré s'agiter dans son sein. Mais, au moment où elle le mit au monde, il était sans vie. La sage-femme présente, ainsi que les médecins appelés en toute hâte pour visiter le nouveau-né, déclarèrent unanimement qu'il était mort. La

Chapitre de Chartres, du 12 avril 1572, par lequel Jehan Duboys, maître nattier à Chartres, s'engage, envers M⁰ Claude Robert, chanoine, de natter une chambre basse de son logis canonial, de nattes, façon de Rouen, moyennant seize sols la toise.

malheureuse mère, ainsi déçue dans son espoir, fondait en larmes. Elle invoqua la Sainte-Vierge, cette puissante consolatrice des affligés, par la prière suivante, que nous a conservée Savard :

« O digne Mère, qui avez mérité conce-
» voir, dans vostre chaste sein, le Verbe du
» Père Eternel, par l'opération féconde du
» Saint-Esprit, et sans flestrir la fleur agréa-
» ble de la virginité, c'est aujourd'hui que
» je vous fais un solemnel sacrifice de mon
» affection, comme aussi de mes vœux. J'im-
» plore vostre miséricorde sur la mort ino-
» pinée de mon pauvre enfant, lequel, à
» cause de mes péchés, sera privé à jamais
» de la béatitude et vision de Dieu. »

Pendant que cette mère désolée et incon-solable exprimait, d'une voix entrecoupée par des sanglots, les sentiments de son cœur, Jehan Dubois, son époux, vomissait les blasphèmes les plus infâmes contre les partisans de la religion catholique. Mais voici que soudainement, un remords de conscience semble s'être emparé de lui, à l'aspect de la profonde douleur de sa femme, dont il entendait les cris déchirants. L'infortunée attribuait, à la persistance de son mari dans l'hérésie, le malheur dont Dieu les affligeait, et elle réclamait la mort à grands cris, comme l'unique remède à l'immensité de son affliction.

Jehan Dubois vint donc à récipiscence et sentit en son cœur qu'il avait des devoirs d'époux à remplir, et des entrailles de père, qui le portaient à souhaiter d'avoir un rejeton de son nom. Ce fut, dans ce moment, que se présenta M. Cardin Binet, curé de l'église Saint-Maurice, appe'é près de sa paroissienne pour lui apporter les consolations de la religion. Ce dernier n'avait cessé, depuis son arrivée, d'implorer à genoux la miséricorde et la puissance divines, en faveur de l'inconsolable mère et pour la conversion de l'époux endurci. Jehan Dubois, en face du bon curé, des médecins et de la sage-femme, jura à son épouse que, si son enfant, réputé mort par les hommes de la science, donnait le moindre signe de vie, il renoncerait de suite à l'hérésie pour se faire catholique. Ces derniers mots étaient à peine prononcés, que le petit enfant mort-né commença à jeter quelques cris, à agiter ses petites mains et à remuer ses petits pieds. L'assistance, frappée de stupeur à la vue d'un pareil prodige, tomba à genoux en signe de reconnaissance, et tous avouèrent que Dieu avait voulu donner, en leur présence, une preuve de son pouvoir, afin de faire rentrer une brebis égarée dans le giron de l'église. Un acte, en bonne forme, attestant le prodige, fut instantanément rédigé et signé par tous les assistants, puis déposé dans les archives de la paroisse. Qu'est-il devenu ? Nous l'ignorons.

Jehan Dubois, instruit dans la religion catholique par M. Cardin Binet, fit l'abjuration solennelle de son hérésie, dans l'église de Saint-Maurice, le dimanche 18 avril 1574, jour de la Quasimodo, en présence de l'évêque de Chartres, Nicolas de Thou. L'enfant miraculeusement ressuscité fut baptisé par le même évêque, le samedi 29 mai, veille de la Pentecôte.

Le *Nattier-Vert*, pour marquer sa joie, et afin de remercier dignement Celle que son épouse avait si ardemment invoquée, lors de son accouchement, crut devoir accomplir un pèlerinage à Notre-Dame-de-Liesse, en Picardie (1) (lieu jouissant alors d'un grande

(1) Diocèse de Laon, département de l'Aisne.

célébrité parmi les pèlerins), en reconnaissance du miracle qui s'était opéré, en faveur de son nouveau-né. A son retour, il fit sculpter, en pierre, une statue de la Sainte-Vierge tenant l'enfant Jésus dans ses bras, et ériger un autel dédié à Notre-Dame-de-Liesse, dans l'église Saint-Maurice (1).

Il engagea plusieurs de ses amis et autres paroissiens à accomplir le même pèlerinage; ce qu'ils firent.

Ces hommes pieux, ayant à leur tête Jehan

Voyez sur ce célèbre pèlerinage, *Hist. de Notre-Dame-de-Liesse*, par Villette (Laon, A. Rennesson, 1708), in-8°, et les *Histoires de l'ordre de Saint-Jean-de-Jérusalem*, écrites par Baudini et par Jacques Bosius, chap. *in Histor. Notræ Dominæ ex Hilari*.

(1) Cet autel était adhérent au quatrième pilier à gauche. De ce même côté, sous la basse-aile et auprès de cet autel, se trouvait la tombe du jeune enfant qui y était figuré. Il mourut en 1586, âgé de 12 ans. Ses père et mère reposaient auprès de lui. Nous n'avons pu, pour le curé Binet et les époux Dubois, avoir d'autres détails sur leur état civil; attendu que les registres de cette paroisse, déposés à la mairie de Chartres, commencent, pour les baptêmes, à l'année 1596; pour les mariages, en 1645; et pour les décès, en 1650.

Dubois, dit *Nattier-Vert,* songèrent ensuite à créer, dans l'église Saint-Maurice, leur paroisse, une confrérie de Notre-Dame-de-Liesse. Ils présentèrent, à cet effet, en 1575, une requête à l'évêque Nicolas de Thou, qui l'approuva, le 16 septembre de la même année. Dans cette requête, M. Cardin Binet était dénommé comme premier confrère (1), et Jehan Dubois portait la qualification de premier fondateur. Plus tard, les confrères, afin de transmettre à la postérité le souvenir du prodige de la résurrection de l'enfant, firent exécuter, en pierre, un groupe représentant la Sainte-Vierge avec l'enfant Jésus, et M. Cardin Binet à genoux à ses pieds (2). Ils firent peindre encore un tableau, pour servir de retable à l'autel de

(1) Ce curé fut inhumé dans le chœur de son église ; il fonda une messe haute de *Requiem* qui se chantait le 13 août.

(2) Notre confrère, M. Paul Durand, nous a signalé et fait voir, dans la crypte de Notre-Dame de Chartres, une Vierge en pierre portant l'enfant Jésus ; un prêtre vêtu d'un manteau est en prière à ses pieds. Elle semblerait avoir été sculptée à la fin du XVIe siècle ou au commencement du XVIIe. Serait-ce celle de Saint-Maurice ?

la chapelle de leur confrérie, et comme une sorte d'*Ex-voto* destiné à perpétuer la mémoire du prodige opéré sur l'enfant de leur fondateur (1).

C'est ce même tableau que nous avons retrouvé, il y a huit jours, et dont nous allons donner la description :

Il est peint sur toile et porte 1 mètre 36 cent. de hauteur, sur 1 mètre 8 cent. de largeur. A gauche est un personnage à genoux ; au-dessous se lit : M. Cardin Binet, curé. Celui-ci porte une calotte sur la tête, une barbe courte et des moustaches; il est revêtu d'une soutane et d'un surplis, le tout recouvert d'un long manteau de chœur, en laine blanche et à appiècement (ce costume était peut-être celui des chanoines de la collégiale de Saint-Maurice). A son cou, orné d'un petit col, est suspendue l'étole de curé. A genoux

(1) Cette confrérie faisait célébrer une messe haute, tous les seconds dimanches du mois. Tous les trois ans, deux procureurs étaient élus, le dimanche de la Nativité. A la fin du XVIIᵉ siècle, cette confrérie était nombreuse, et elle avait des ornements particuliers, pour la célébration de ses offices, parmi lesquels on distinguait, une chasuble de damas blanc et un parement brodé.

sur une dalle, les mains ouvertes et éle-
vées vers le ciel, il est dans l'attitude de la
prière (1).

Au centre du tableau, vers le bas, on aperçoit, couché sur un oreiller blanc et le visage découvert, un nouveau-né ayant les
mains et les pieds enfermés dans un maillot,
lequel est retenu par deux bandes ; sa tête
est couverte d'un linge appelé têtière. Cet
étrange accoutrement lui donne quasi l'aspect d'une momie d'Egypte.

A droite du tableau, se voit un homme
également à genoux et les mains jointes, au
dessous duquel on lit : IEAN DUBOIS DICT NAT-
TIER VERT. Ce personnage a la tête nue et
une barbe demi longue ; son vêtement est de
couleur verte ; il porte un col rabattu et des
manchettes.

Derrière cet homme, s'aperçoit également
prosternée, et les mains jointes, une jeune
femme au dessous de laquelle est l'inscription suivante : IACQUETTE MA[RRAN]. Sa tête

____

(1) Le curé de cette paroisse avait le privilége,
outre ses droits curiaux, de porter l'aumusse,
d'assister au Chapitre, et de célébrer l'office à son
tour, comme ancien chanoine.

est découverte ; elle est vêtue d'une robe de couleur brune, taillée à pointe par devant ; son cou est orné d'un large col ; à ses mains sont des manchettes.

Le fond du tableau représente, au milieu d'arbres et de verdure, une vue latérale sud de l'église Saint-Maurice-lès Chartres, dont on remarque l'une des entrées ouverte sous un porche. On aperçoit encore une des basses-ailes avec les contreforts, de même aussi, les pignons primitifs et le sommet de la Tour. Cette peinture architecturale est bien soignée, comme détails ; c'est, selon nous, un document précieux d'archéologie locale. On pourra en juger, par la gravure ci-contre qui a été réduite et copiée, sur cette peinture, par Rousseau, notre habile graveur Beauceron.

En haut du tableau, et au-dessus de l'église, est figurée assise sur un nuage, à la base duquel sont deux têtes d'anges, une Sainte-Vierge, portant debout sur ses genoux l'Enfant Jésus.

A l'angle de droite, et au bas de cette peinture, est posé en pal, sur une crosse d'évêque en or, l'écu armorié de l'évêque de Chartres, Nicolas de Thou. (*Ecartelé au 1er et au 4e d'argent, au chevron de sable, accompagné*

ÉGLISE PAROISSIALE ET COLLÉGIALE DE SAINT-MAURICE-
LÈS-CHARTRES, EN 1630.

*de trois abeilles de même; et au 2e et 3e d'ar-
gent, à la bande de sable, chargée de trois mo-
lettes d'argent)* et reproduit à la fin de cet article. (1)

Au centre du tableau, à la base, sur un
cartouche est écrit ce qui suit : *Exaudiuit vo-
cem eius, et reuersa est anima pueri intra eum.
3 lib. Reg. cap.* 17 ; c'est-à-dire . « Dieu exau-
ça sa voix, et l'âme de l'enfant rentra dans
son corps. »

Telles sont l'histoire et la description complète de cet *ex-voto* échappé, comme par miracle, à la tourmente révolutionnaire de 1793,
et provenant d'une ancienne église paroissiale d'un faubourg de notre ville. Les *Ex-
voto* sont les témoignages les plus certains
de la foi de nos pères. Ces sortes de monuments offrent toujours aux archéologues des
documents précieux, touchant l'ameublement
soit des lieux consacrés au culte, soit des
maisons particulières, tout aussi bien que sur
les costumes des diverses époques et les por-

(1) Derrière le tableau, sur la traverse du châs-
sis, on lit ce qui suit : « Jean Dubois, M* Nattier,
» a commencé la frérie de N. D. de Liesse, per-
» mise par Mr de Thout, évêque de Chartres,
» le 16 septembre 1575. »

traits d'hommes célèbres et historiques. Toutes les églises, surtout celles qui, comme notre cathédrale Chartraine, possédaient un pèlerinage, étaient riches en curieux et précieux *ex-voto*, tels que tableaux, ornements, reliquaires, verrières, etc., etc.

Celui que nous venons, aujourd'hui, signaler à l'attention des âmes pieuses, aussi bien qu'à celle des archéologues, après avoir échappé à la fureur des iconoclastes, fut, pendant longues années, conservé dans la chaumière d'un petit cultivateur de Seresville, commune de Mainvilliers, hameau alors dépendant de l'ancienne paroisse de Saint-Maurice, et tomba, ensuite, dans la possession d'un antiquaire faisant négoce. Ce fut à cette époque, il y a environ dix ans, qu'on le signala à mon attention. Malgré mon vif désir de le voir, il ne m'avait jamais été permis de le contempler, et pourtant, c'était dans un but utile. (1)

(1) Il s'agissait de la confection du *Plan de Chartres en* 1750, publié par la Société archéologique d'Eure-et-Loir, œuvre locale et collective. Mais l'on rencontre souvent, parmi les amateurs de bric-à-brac, un genre de personnes, semblables à celui des bibliotaphes, par rapport aux

Enfin, il fut vendu à une dame veuve Rémy, personne pieuse, qui, à son décès arrivé en 1867, le légua, avec divers autres objets, au Musée de la ville de Chartres. Mais
cette peinture, qui semblait n'avoir rien de
séduisant, au premier abord, pour les conser-
vateurs du Musée de Chartres, attendu qu'a-
lors ils ignoraient son origine et surtout son
historique , courait le risque d'être reléguée
au second plan , lorsqu'un hasard providen-
tiel nous la fit rencontrer dans un des corri-
dors de l'Hôtel-de-Ville.

Il ne faut pas oublier que de nombreux
débris artistiques d'un grand intérêt local
ont souvent été délaissés ou anéantis, à la
suite de la révolution de 1793, et même jusqu'à nos jours, par leurs heureux possesseurs.
L'unique raison est que ceux-ci ne connaissaient par la valeur archéologique qui s'atta-
chait, comme souvenir , à ces divers objets.
C'est ce qui peut expliquer la rareté actuelle
de toutes ces merveilles, qui, à la fin du
XVIIIᵉ siècle, ornaient toutes les églises, les

livres ; car les uns et les autres aiment à enfouir
et tenir sous clés leurs curiosités, sans consen-
tir jamais à obliger autrui.

riches abbayes et les vieux châteaux de notre province.

Nous osons espérer, en toute confiance, que cette curieuse peinture historique et locale, qui dut être exécutée, vers 1630, par une main assez habile (quoique cette œuvre ne soit pas sans défauts) et fut depuis légèrement restaurée (1), pourra, ·sans craindre d'encourir une accusation de mauvais goût, après avoir été toutefois convenablement encadrée, occuper une place honorable au milieu des tableaux du Musée chartrain, où l'on pourrait du reste signaler d'autres peintures inférieures, comme exécution, à cet intéressant *ex-voto*.

Si ce tableau n'excite pas d'enthousiasme, comme œuvre d'art, du moins on ne niera pas qu'il soit un monument curieux des perturbations sociales et religieuses dans notre cité ; qu'il soit encore un type des costu-

______

(1) Nous possédons des détails touchant les tableaux faits et restaurés pour l'église Saint-Maurice, par Périnet (Jean-Toussaint), né à Paris en 1744. Il exerça son talent dans notre ville pendant 53 ans ; il y est décédé célibataire, le 27 mai 1824. Il existe encore à Chartres de nombreux portraits à l'huile et au pastel, exécutés par cet artiste, et qui annoncent un certain talent.

mes de l'époque, un spécimen des détails
architectoniques de l'ancienne église de
Saint-Maurice-lès-Chartres, et enfin un témoignage authentique de la foi et de la piété
de nos pères. Il doit avoir une place assurée
et convenable au sein de la modeste collection des œuvres de peinture du Musée de
Chartres, auquel le légua, dans l'intention
de l'enrichir, notre concitoyenne Mme veuve
Rémy.

1er février 1868.

———

UNE FRESQUE DE LA SALLE SAINT-COME

Ancien Hôtel-Dieu de Chartres.

———

> Bien doit estre chose amembrée
> Qui sus vérité est fondée.
> (*Livre des Miracles N.-D.*, p. 17.)

Encore quelques jours, et toute la partie la plus intéressante des vieux bâtiments de l'ancien Hôtel-Dieu de Chartres aura cessé de faire, comme on disait, un obstacle à la libre circulation des habitants dans le cloître de Notre-Dame ; au lieu d'un passage suffisant, il existera une place immense ! Ce qui prouve que les extrêmes se touchent.

C'est en assistant, chaque jour, comme observateur, à la démolition de la salle Saint-Côme, vaste salle monumentale de la fin du XIIe siècle, aux piliers massifs et d'un effet si grandiose, surmontés d'une suite d'arcades ogivales d'un style mâle et sévère; c'est en observant, que nous eûmes la bonne fortune (au point de vue d'un archéologue, bien entendu) de remarquer dans la partie méridionale de ce vaste vaisseau, une peinture à fresque qui décorait, à l'intérieur, le tympan d'une ancienne baie de porte en ogive. Cette fresque était recouverte par six couches de badigeon appliquées à des époques successives. Ce décor ne se trahissait qu'à la partie inférieure du linteau, par quelques lignes sans suite.

Grâce à une longue patience provoquée par la curiosité, et qui paraîtra bien excusable de la part d'un chercheur, nous parvînmes, à l'aide du grattoir d'un canif, à dégager, à la suite d'écaillures successives, et sans la détériorer, cette vieille peinture antique, qui ne doit sa conservation qu'à ce badigeon qui l'avait protégée jusqu'à nos jours. A l'intérieur, comme à l'extérieur, cette baie était, depuis longues années, totalement masquée par deux cloisons en maçonnerie qui en laissaient ignorer l'existence. Ce fut donc en venant assister à la dernière agonie de cette salle, fameuse par les souvenirs qu'elle rappelle , que nous avons été amené à faire cette heureuse découverte.

L'ancienne *Maison-Dieu de Nostre-Dame de Chartres* a une origine qui se perd dans la nuit des temps du Moyen-Age. Nos chroniqueurs chartrains en attribuent la fondation, les uns à Charlemagne, d'autres à la reine Berthe, mais aucun d'eux n'apporte de preuves à l'appui. On n'aperçoit trace de son existence qu'au XIe siècle , époque où nos comtes de Chartres lui accordèrent quelques bienfaits. Cet hôpital semble, dans son établissement , n'avoir eu d'autre raison d'être créé que pour venir en aide aux nombreux pèlerins qui, alors, accouraient de toutes les parties de la France, et même de l'étranger, pour implorer la protection de la bonne Notre-Dame de Chartres ; cela s'explique d'autant mieux , que chacune des paroisses de notre ville possédait son Hôtel-Dieu particulier.

Cet hôpital avait son Maître-administra-

teur, ainsi que des Frères et Sœurs condon-
nés, chargés du service spirituel et temporel
des malades confiés à leurs soins, mais sous
la surveillance immédiate du Chapitre de
Notre-Dame de Chartres. Quiconque a pu
voir le charnier ou cimetière de cet Hôtel-
Dieu, qui occupait une grande partie de
l'emplacement actuel de la rue Jean-de-
Beauce, lequel fut fouillé et mis à découvert
en 1847, lors des travaux pour l'exécution
de cette voie qui conduit à la gare du chemin de fer, quiconque, dis-je, a eu sous
les yeux, d'un côté les ossements de ces
milliers de cadavres, et de l'autre a pu apprécier la vaste dimension de la salle Saint-
Côme, que l'on démolit en cet instant, a le
cœur serré, en se faisant l'idée des innombrables misères et des cris de douleur dont
cette enceinte fut jadis témoin. Et cependant, de cette remarquable enceinte il ne
restera plus, sous quelques jours, d'autre
trace ou souvenir, qu'une large place mac-
adamisée.

Mais revenons à notre fresque dont nous
avons à faire la description, et tâchons, tout
en dissertant, d'en expliquer le sujet un
peu énigmatique, d'une manière plausible.

Cependant, nous n'entendons aucunement imposer au public notre opinion personnelle, quoiqu'elle semble s'appuyer, d'une manière acceptable sur des textes historiques, et qu'elle ait déjà reçu l'assentiment de personnes versées dans l'archéologie et dans l'histoire.

La porte dont le tympan était décoré, à l'intérieur, par cette fresque, est située dans la partie de la salle Saint-Côme qui servait autrefois de chapelle et tout près du sanctuaire. Elle devait donner issue, à l'extérieur, dans une cour entourée de bâtiments de décharge. Cette baie, mesurant 80 centimètres d'épaisseur, et de forme ogivale, est construite tout en pierre de Prasville, y compris le linteau, jusqu'à la naissance du cintre, lequel est en pierre calcaire tendre. Le tympan porte de largeur 1 mètre 34 cent. sur 96 cent. de hauteur. Sa base est formée par une seule pierre de 60 cent. de haut, sur laquelle est tracée la majeure partie de la fresque. Toute la portion supérieure est construite en maçonnerie recouverte d'un enduit, un quart environ de cette maçonnerie a même été refait, ce qui a détruit une partie du sujet figuré.

Nous ne devons pas omettre de remarquer qu'un grand incendie dut avoir lieu en cet endroit, puisque la pierre tendre de l'ogive est calcinée et réduite en chaux, et que le linteau est fendu, par l'action du feu, ainsi que les pieds droits. De l'autre côté de cette muraille, construite en silex, l'aspect rougeâtre de ces pierres divisées en lamelles accuse encore, de la manière la plus formelle, qu'un grand sinistre a passé par là.

Cette fresque se compose d'un cadre ou entourage partant de la base du linteau et allant au sommet de l'ogive, où il se termine par un motif architectural. Au centre se voient deux personnages portant sur leurs épaules, au moyen d'un bâton ou perche, un objet de forme carrée sur lequel on reconnaît une étoffe développée et drapée. Au milieu de l'espace inférieur, s'aperçoit un fort chien portant dans sa gueule quelque chose d'indéterminé.

Si nous admettons que la construction de la salle Saint-Côme date de la fin du XIIe siècle, nous estimons que cette peinture à fresque serait du premier tiers du XIIIe. L'exécution est d'une grande simplicité de procédé; l'on y distingue quatre teintes : 1° le noir entourant

les objets figurés et les plis des draperies ;
2° une teinte ardoisée ; 3° une autre rougeâtre ; 4° celle appliquée sur le chien semble être un mélange des deux dernières. Il
y a du mouvement et de la vie dans cette
scène. Si quelques parties des jambes nues
de l'un des porteurs laissent à désirer, comme
dessin, il faut, cependant, reconnaître que
les draperies des vêtements des personnages
révèlent une certaine habileté de savoir-
faire, et, dans l'ensemble, un certain cachet
d'archaïsme qui a sa valeur pour un antiquaire. Les artistes du Moyen-Age s'occu-
paient peu des formes corporelles de leurs
personnages ; leur constante préoccupation
les poussait à sacrifier le nu et à bien rendre
les draperies des costumes. Le corps humain
ne semble être pour eux qu'un support, destiné à les aider dans l'agencement des plis.

Nous allons entrer dans la partie la plus
délicate de notre matière, c'est-à-dire, dans
le mode d'interpréter le sujet et l'action des
personnages figurés. Les traits sont généralement peu apparents ; ils se trouvent inter-
rompus, vers le milieu de la hauteur et trans-
versalement, par une large fissure de dégra-
dations, qui atteint le haut de la partie gau-

FRESQUE DE LA SALLE SAINT-CÔME, A CHARTRES.

che, où a été refaite une portion d'enduit.

Nous avons calqué, à plusieurs reprises, divers fragments de cette peinture, afin d'en mieux posséder et mieux comprendre le sujet. Après les avoir rapprochés et mûrement examinés, nous nous sommes arrêté à l'idée que le sujet devait être une scène historique locale. Ayant évoqué et rappelé à notre souvenir divers récits épisodiques de nos chroniqueurs Chartrains, nous avons cru pouvoir affirmer que les personnages représentés portaient une espèce de châsse ou reliquaire; mais il s'agissait de savoir à quelle circonstance ce fait était susceptible de s'appliquer.

Les hagiographes et les légendaires indiquent bien que quelques saints sont figurés, ayant pour attribut une châsse remplie de reliques qui est portée en procession autour d'une ville, à la suite d'un incendie ou d'une peste (1). Quant à St-Roch, patron des pestiférés, on le voit toujours accompagné d'un chien, qui porte dans sa gueule un pain. Mais ce dernier saint, mort seulement

_____

(1) Voy. St-Amable, curé de Riom, au V⁰ siècle; Ste-Geneviève de Paris, etc.

en 1317, ne pouvait nous arrêter dans notre interprétation, quoique le chien dût nous suggérer l'idée d'expliquer, d'une tout autre manière, cette scène figurée dans un hôpital (1).

Nous crûmes ensuite voir dans ce tableau la représentation d'une ancienne coutume qui subsista en France, du Xe au XIVe siècle, dans les temps de ferveur et de croyance religieuse, où la possession de reliques en renom était une richesse et une grande source de revenus pour les églises. Il était alors d'usage de transporter les châsses en divers lieux, suivant les besoins ou les circonstances. Dans notre fresque, on peut remarquer deux porteurs de reliques escortés d'un mâtin pour défendre leur précieux fardeau, en cas d'attaque par des malfaiteurs. Il faut savoir, en effet, qu'à cette époque, lorsqu'une église, une abbaye ou un hôpital, avaient éprouvé un désastre, par suite d'une guerre ou d'un incendie, les sinistrés étaient auto-

(1) Voy. dans l'église de St-Sulpice, à Paris, une grande fresque, signée d'Abel de Pujol, représentant saint Roch, dans un hôpital, priant pour les pestiférés. L'iconographie des Saints en indique treize, qui ont pour attribut spécial un chien.

risés à aller dans toute la France et même à l'étranger, pour recueillir des aumônes, en exposant des reliques, lesquelles étaient ordinairement portées par des clercs.

Comme garant de ce fait, nous citerons d'abord Guibert, abbé de Notre-Dame de Nogent-sous-Coucy (1), lequel éleva la voix contre cet usage, puisqu'il dit en parlant des reliques des saints : « l'habitude où l'on est » de colporter leur cercueil, pour ramasser » de l'argent, est une preuve trop certaine » d'une coupable avidité. » Voici encore ce qu'il a relaté, touchant la châsse de son abbaye, qui fut envoyée à la recherche d'offrandes, pour réparer les lieux claustraux : « Cependant, on commença, suivant la cou- » tume, quelle qu'en soit l'origine, à porter » de tous côtés les châsses et les reliques des » Saints, pour obtenir de l'argent des fidèles. » Il arriva de là, que le compatissant arbitre » de toutes choses, qui, dans sa miséricorde, » console d'un côté ceux qu'il punit de l'au-

(1) Né en 1053 et mort en 1124, ce personnage a écrit une *Histoire de la Croisade*, et sa vie, *De vita sua*. Voy. la traduction par M. Guizot, dans la *Collect. des mém. de l'histoire de France*, t. IX. p. 35.

» tre, voulut que beaucoup de miracles se
» manifestassent partout où paraissaient ces
» précieux restes Il y avait, entre autres, un
» magnifique reliquaire que l'on portait
» dans une châsse d'un grand renom ; il con-
» tenait des morceaux de la tunique de la
» Vierge, mère de Dieu, de l'éponge dont on
» humecta la bouche de notre sauveur et de
» la vraie croix. Je ne sais pas bien s'il n'y
» avait pas aussi quelques cheveux de notre
» divine reine : ce reliquaire est d'or et en-
» richi de pierreries ; dans l'intérieur sont
» des vers écrits en lettres d'or, et qui cé-
» lèbrent les mystérieuses richesses qu'il
» renferme... Alors celui des clercs, auquel
» était confié le soin de prêcher le peuple, se
» plaçant sur un lieu élevé, dit aux assis-
» tants, etc., etc. » (1)

Monteil, dans sa savante et curieuse *Histoire des Français des divers Etats* (2), nous
décrit comment, au XIVe siècle, un clerc,
en grande robe noire, conduisait un cheval

(1) Voy. sur cet intéressant usage du Moyen-
Age le t. X, livre III, chap. 13 et 14, de la Collection Guizot, *ut supra.*

(2) XIVe siècle. Epitre xci, p. 384 de l'édit. in-12.

drapé de rouge sur lequel était un coffre doré, qui contenait les reliques de la Sainte-Chapelle, que les administrateurs de l'Hôtel-Dieu de Paris faisaient toujours porter à la suite de la Cour (1). Enfin Jean Lafontaine, entre autres fables, en a composé une intitulée : *L'Ane portant des Reliques* (2). Tous ces faits, quoique intéressants et pouvant, à la rigueur, s'appliquer à la fresque de l'Hôtel-Dieu de Chartres, ne nous ont pas semblé assez concluants pour en faire l'applicacation au sujet figuré dans la salle Saint-Côme.

Voici l'hypothèse que nous proposons : Notre cité chartraine, comme toutes les villes du Moyen-Age, avait la majeure partie de ses habitations et même ses églises édifiées et couvertes en bois ; aussi fut-elle victime de nombreux incendies qui vinrent, à des époques diverses, anéantir toutes ces antiques constructions. Le sous-sol de Chartres nous fournit en effet journellement des

(1) Le roi Charles-le-Bel donna des Lettres patentes au mois de mai 1324, au sujet des reliques de la Sainte-Chapelle.

(2) Livre v, fable 14.

preuves irréfragables de ces désastres. Nos manuscrits et nos chroniqueurs locaux nous indiquent, comme témoins de ces sinistres, les années 590, 859, 870, 963, 1020, 1030, 1134, 1188 et 1194. Nous n'entreprendrons pas de discuter ici toutes ces diverses dates et de faire la part de chacun de ces sinistres, mais nous tâcherons d'expliquer le sujet de notre fresque en disant qu'elle doit reproduire une scène de l'incendie de 1194, qui réduisit en cendres toute la ville, et en grande partie l'église commencée par Fulbert ; laquelle était ornée d'un portail méridional construit aux frais du chartrain Jehan Cormier, dit *le Sourd*, médecin du roi Henri Ier. Cet incendie détruisit encore le magnifique jubé édifié par la générosité de notre illustre évêque saint Yves.

MM. Rossard père et Michel Chasles, dans une excellente dissertation insérée à la suite du *Livre des Miracles de Notre-Dame de Chartres* (1), ont ouvert un nouvel horizon historique et prouvé que la construction actuelle de la cathédrale de Chartres, n'est pas entièrement de l'évêque Fulbert. Cette opinion a

(1) Chartres, Garnier, 1855, in-8°, p. 281.

été du reste confirmée par les progrès de
la science critique des archéologues qui
s'est développée depuis quarante ans (1).

Dès l'époque où eut lieu le don fait à
l'église de Chartres, par le roi Charles le
Chauve, en 877, du vêtement de la Vierge,
cette sainte relique fut enfermée dans une
riche châsse décorée d'ornements d'or et
d'argent. C'était là le *Palladium* de la cité
chartraine que l'on vénérait et que l'on exposait à la vue des fidèles dans les moments de
danger. Le reliquaire, étant placé sur le maître-autel, offrait à découvert son précieux
contenu. Des chiens de forte taille étaient,
pendant la nuit, commis avec les marguilliers à la garde de cette insigne relique ainsi
qu'à celle des autres richesses contenues dans
le trésor de la cathédrale de Chartres. Touchant ce dernier fait, nous trouvons, dans
le manuscrit de Pintart faisant la description

(1) Tous nos historiens locaux avaient admis
la possibilité de la construction de notre cathédrale actuelle, par l'évêque Fulbert, dans l'espace de huit années (1020-1028)! Est-il possible
d'admettre cette assertion, surtout ayant des
preuves qu'elle n'était pas encore terminée au
XIV° siècle ?

des grottes de l'église Notre-Dame, la mention suivante : « Dans ces mêmes caveaux, » l'on enfermoit aussi, pendant le jour, les » dogues et les mâtins que l'on nourrissoit » pour la garde de l'église pendant la nuit. » Voici encore l'affirmation de Souchet sur ce même sujet : En 1357, le Chapitre « ordonna » aux maregliers-clercs, d'avoir deux bons » chiens pour la garder (l'église), lesquels » seront nourris comme les autres qui y » estoient desjà entretenus (1). »

Si maintenant nous voulons avoir une représentation fidèle du voile contenu dans la Sainte-Châsse, nous indiquerons : 1° le dessin qui fut exécuté, sur l'original, par notre savant collègue M. Paul Durand, pour l'*Histoire des relations des Hurons et des Abnaquis*, etc. (2) ; 2° celui que Willemin a également édité dans ses *Monuments français inédits* (3).

---

(1) *Histoire du Diocèse de Chartres*, t. III, livre v, chapitre 17. Dans le *Plan de l'église Notre-Dame*, dressé en 1696 par Félibien et conservé à la Bibliothèque de Chartres, l'emplacement de la demeure des chiens y est indiqué.

(2) Par M. Merlet (Chartres, Petrot-Garnier, 1858).

(3) Planches 16 et 16 bis.

Après avoir fait connaître au lecteur nos sources et nos autorités, nous allons tâcher d'édifier, par ce moyen, un monument susceptible d'expliquer le sujet de notre fresque, mais nous ne prétendons pas que ce monument soit parfait de tout point. Le Livre des Miracles de Notre-Dame de Chartres, poême traduit en langue romane par Jehan Lemarchant en 1262, nous sera également d'un grand secours, puisque le chapitre intitulé : *De l'arsure de l'iglise de Chartres, et comment li legas sarmona aus gens de la ville,* nous rapporte tout au long le miracle qui arriva lors de l'embrasement de l'église en 1194 (1). Voici ce chapitre en abrégé. La ville et l'église cathédrale sont totalement embrasées , les habitants ont

(1) P. 17. Tous les historiens locaux ont attribué ce miracle à l'incendie arrivé sous Fulbert en 1020, attendu qu'à une époque inconnue, le manuscrit contenant le *Livre des Miracles,* etc., a été interpolé, dans un but pieux, pour la plus grande glorification de Fulbert. Voyez sur ce sujet la dissertation de MM. Rossard et Chasles ainsi que l'*Histoire du Diocèse de Chartres,* par Souchet, t. II, livre III, chap. 24, p. 217, qui, le premier, a signalé cette interpolation , au sujet du légat Melior.

perdu tous leurs biens par cet incendie ; mais, au milieu de ce désastre, chacun reconnaît que la Sainte-Châsse, contenant un trésor inappréciable pour eux, c'est-à-dire le vêtement de la Sainte-Vierge, a disparu et doit être réduite en cendres. Chacun se lamente à ce triste spectacle ; il est impossible d'aborder au milieu de ce foyer incandescent, mais deux Chartrains, au moment du danger, avaient chargé sur leurs épaules le précieux trésor et l'avaient caché dans les grottes profondes de l'église, en prenant toutefois la précaution de fermer sur eux la porte de fer, afin d'empêcher la propagation de l'incendie en cet endroit. Les immenses brasiers amoncelés autour d'eux les ayant contraints de rester en ces lieux souterrains, où ils demeurèrent enfermés pendant trois jours.

> Si cuidoit len certenement
> Que ils fussent mort a torment
> Et a martire et douleur
> Ou de fumee ou de chaleur
> Ou destre trop aval tenus,
> Mes onques ne fu greve nus (1).

(1) *Livre des Miracles*, etc., p. 29.

Après cet espace de temps écoulé, ils apparurent tout à coup, sains et saufs, aux yeux de leurs concitoyens émerveillés. Ce fut alors que l'on vit l'évêque Regnaut de Mouçon et Eudes, doyen du Chapitre, rapporter sur leurs épaules, dans l'église incendiée, la Sainte-Châsse intacte, et l'exposer à la vue des fidèles pour les consoler et attester, de la sorte, le fait miraculeux.

Voici le récit de Pintart à ce sujet : « Il » n'y eut, dit cet historien, que la Châsse » qui fut enlevée par des chartrains au milieu » des flammes. Ils la gardèrent dans des lieux » souterrains jusqu'après l'embrasement (1). » Nous observerons que, sans contredire formellement le dépôt de la Sainte-Châsse dans les grottes de l'église, le récit de Pintart pourrait bien, sans trop d'invraisemblance, s'appliquer à la porte de la salle Saint-Côme où est peinte la fresque, qui a été gravement atteinte par l'incendie, et qui donne accès dans une cave profonde de cinquante-

(1) Voyez sur ce fait Souchet, *Hist. du Diocèse de Chartres*, t. II, livre III, ch. 24, p. 218; *la Parthénie*, par Roulliard, 1re partie, fol. 192; et l'*Histoire de Notre-Dame de Chartres*, par V. Sablon, édit. de 1671, p. 138.

cinq marches, laquelle est taillée dans le roc. Car il dit : « Dans des lieux souterrains. » — Ne serait-ce-pas en souvenir du sauvetage qui aurait été opéré en cet endroit que cette fresque y aurait été peinte ?

Louis Moquet, dans un des médaillons de la rarissime gravure de Larmessin, par lui éditée en 1697, et intitulée : *Triomphe de la Sainte-Vierge dans l'église de Chartres*, a représenté l'incendie de la Cathédrale, cette église est tout enflammée, et deux hommes sortent par la porte royale, emportant sur leurs épaules la Sainte-Châsse. Le livret qui explique cette gravure fait l'exposé suivant : « Incendie de l'église Notre-Dame, du temps » de saint Fulbert, en 1020. Là se voyent » *deux chartrains qui emportent la Sainte-* » *Châsse,* à travers les flammes, pour la mettre en seureté dans les lieux souterrains » de cette église, où, plusieurs jours après » cet incendie, ils furent trouvés sains et » saufs, avec la Sainte-Châsse, sans aucun » dommage. »

Ainsi sans aller chercher d'autres documents, nous pouvons donner l'explication suivante, à savoir : que l'on trouve sur la fresque de la salle Saint-Côme, qui vient d'être découverte, deux personnages têtes nues ; celui de devant est vêtu d'une Gonelle (1), de couleur rougeâtre. (Cette sorte de vêtement en forme de tunique ou de blouse fut en usage jusqu'au XIVᵉ siècle.) Cet homme a les jambes et les pieds nus, son état de vêture incomplète pourrait s'expliquer par le cas pressant où il se trouvait, pour sauver la sainte relique. Celui qui le suit est également vêtu d'une gonelle de couleur ardoisée, et chaussé de longues bottes connues alors sous le nom de housiaux. Ces deux hommes portent, au moyen d'une perche ou bâton, un objet de forme carrée et de couleur d'ardoise, sur lequel semble exposé un tissu drapé et ayant des plis verticaux ; vers la partie inférieure, se distinguent deux zones transversales formées, chacune de trois raies, et sur lesquelles on remarque des ornements circulaires ; au bas, existe une longue frange, ou effilé. Au dessous du reliquaire, est un gros chien qui semble cheminer, portant dans sa gueule

(1) Voy. Ducange, Verbo, *Gunella*, Geofroi, comte d'Anjou, fils de Fulcou, était surnommé *Grise-Gonnelle* à cause de son vêtement. Geoffroy III, comte de Vendôme, avait également le surnom de *Grise-Gonelle*.

un objet qu'il nous a été impossible de dé-
terminer.

Voici donc ce que nous osons avancer,
pour soutenir et expliquer notre thèse touchant cette peinture énigmatique : les deux
Chartrains, qui sauvent la Sainte-Châsse renfermant le voile de la Vierge assez bien imi-
té, si nous en jugeons d'après le dessin original qui a été fait de nos jours. A notre
sens, le chien qui est toujours figuré comme
le symbole de la fidélité, représenterait un
des dogues, commis jadis à la garde du trésor de l'église Notre-Dame de Chartres, lequel, dans un danger imminent, aurait accompagné nos dévoués concitoyens. Il nous
paraît enfin que rien ne manque pour rendre notre hypothèse plausible et acceptable ;
puisque tout, jusqu'à l'incendie signalé par
nos chroniqueurs à la date de 1194, concourt
à justifier le fait par nous avancé : ainsi les
pierres calcaires sont réduites quasi à l'état
de chaux, et les silex divisés en lamelles.
Voilà les preuves irréfragables que j'éprou-
vais le besoin d'exposer, et qui existent encore en ce moment sur les murailles de ce
vieil édifice hospitalier dont les constructions
datent de la fin du XIIe siècle.

Le plus fâcheux, selon nous, c'est de ne pouvoir conserver que peu d'espérance de sauver ce vestige pictural de l'art ancien. Nous en avons pris un calque consciencieux ; nous serions trop heureux, s'il pouvait être jugé digne d'être reproduit, comme souvenir historique de notre localité, et comme un monument de l'art au commencement du XIIIe siècle. En terminant nous signalerons encore un autre fragment de fresque du XVe siècle, qui semble représenter : *Nicodème au tombeau du Christ ;* il se trouve dans la même salle, et forme le fond d'une ancienne arcature, laquelle, dans le champ de son embrasure, est ornée de rinceaux de couleur rouge, et de fleurs, exécutés au poncis. Mais cette œuvre ne nous a semblé mériter qu'une simple mention.

Ce matin, avant de clore cet article, nous avons voulu rendre une dernière visite à la salle Saint-Côme ; à notre grande douleur, mais cependant sans grande surprise, l'on venait de jeter à bas la muraille dépositaire des deux fresques ci-dessus signalées ; là, nous avons vu des fragments de Nicodème, ainsi que ceux de nos courageux Chartrains qui gisaient au milieu des décombres.

En terminant nous prenons acte, que la salle Saint-Côme n'a pas dit le dernier mot de ses richesses archéologiques, lesquelles nous espérons un jour pouvoir divulguer.

2 mars 1868.

UNE CHANSON HISTORIQUE

Chartraine.

———

> Les vers sont enfants de la lyre :
> Il faut les chanter, non les lire.
> LAMOTTE.

S'il existe un genre de poésie qui semble né en France, où il s'est acquis un renom universel, c'est assurément la chanson. Dès le XIe siècle, notre célèbre prélat Ives nous signalait, dans ses Epîtres (1), les clercs du

(1) *Ivonis episcopi Carnotensis Epistolæ* (Paris, Cramoisy, 1610), Epist. 66 et 67.

diocèse d'Orléans, comme auteurs de chansons scandaleuses, contre les mœurs relâchées de leur évêque Jean.

La *Chanson de Geste,* ou chanson historique, servit, pendant tout le Moyen-Age, aux ménestrels, à célébrer les hauts faits de nos chevaliers; ensuite, elle prêta successivement son utile, mais dangereux concours, à la puissance des Armagnacs, à la fureur et aux excès de la Ligue; plus tard elle dévoila les licences scandaleuses de la Fronde et de la Régence. A cette époque, la chanson satirique fut portée à un suprême degré de verve et de malice. Sous la République, le caractère français fut, par elle, exalté dans des chants sublimes d'énergie et de dévouement patriotique. Quant au Directoire, il fut frondé et bafoué; mais l'Empire prit soin de faire mettre une sourdine aux couplets de ce « français né malin qui créa le vaudeville. » La Restauration eut à subir les tracasseries violentes et habiles de la chanson. Enfin, le gouvernement de Juillet, après la retraite de Béranger de la lice chansonnière, vit disparaître le flon, flon, des Panard, des Collé, des Désaugiers, etc. A ce genre bachique et badin succéda la romance sentimentale, puis la

chansonnette comique, où se rencontre parfois la verve malicieuse et gauloise, qui descendit insensiblement, de nos jours à *la
Femme à barbe,* au *Sapeur,* et à d'autres productions éphémères, graveleuses ou égrillar-
des, dites chansons populaires. Un auteur a
dit : « Les chansons de chaque siècle reflètent
les mœurs du peuple et ses souffrances. »
Je ne sais dans quelle catégorie celles de
notre époque pourraient être classées.

Le hasard nous fit récemment découvrir une
page curieuse, dans un volume manuscrit de
la Bibliothèque de Chartres (fond Roux) (1),
ayant pour titre Parthénie de la Ville de
Chartres (volume que nous nous proposons
d'éditer un jour). Au commencement de cette
œuvre se trouve une pièce de vers intitulée :
*Chanson du siége de Rollon, duc de Normandie,
contre la ville de Chartres.*

Cette poésie locale et inédite a vivement
frappé notre attention, vu que les chansons
historiques sont assez rares dans notre contrée. Voici les quelques-unes, en ce genre
que nous citerons, comme parvenues à notre
connaissance : 1° *Chanson de la ville de Char-*

______
(1) G/DD. n° 21.

tres assiégée par le prince de Condé, en 1568 ;
2° Cinq autres *Chansons sur la défaite des
Reistres, à Auneau, en* 1587 ; 3° *Chanson sur le
siége de Dreux, en* 1590. Mais il en est une
que nous allons soumettre à l'appréciation
du lecteur, et qui aurait pour auteur, selon
nous, un historien chartrain, Claude Savard,
qui a également composé l'Histoire de l'E-
glise collégiale et paroissiale de Saint-
Maurice-lès-Chartres , dans laquelle se
trouve une intéressante pièce de vers, sur la
Grotte de Saint-Blaise (1). Nous ne prétendons
pas assurément offrir la chanson de Rollon,
comme un morceau poétique, dont le pays
puisse tirer une grande gloire, mais comme
un poème historique, œuvre d'un concitoyen.
Nous devons avouer que la rime, la mesure
et l'orthographe, sont assez peu respectées
dans ce manuscrit. Est-ce la faute des copis-
tes ou celle de l'auteur ? Un vers même y
manque. Nous avons fait disparaître quelques taches et comblé le déficit, afin d'en
faciliter l'intelligence au lecteur ; mais nous

(1) *Chroniques, Légendes, Curiosités et Biographies
Beauceronnes* (Chartres, Petrot-Garnier, 1867), in-8°,
p. 228.

laissons aux curieux, le droit et le soin d'aller à la Bibliothèque de Chartres, consulter l'œuvre originale.

Claude Savard a dû composer ce chant civique, historique et populaire, vers 1670, dans l'intention de célébrer un des hauts faits de nos aïeux. Il s'agit du siége de Rollon, qui, après avoir parcouru et ravagé la Bourgogne, l'Auvergne, le Sénonais, le Gâtinais et pillé Melun, entra dans la Beauce, pour y détruire Châteaudun et venir ensuite camper devant Chartres. Il espérait réduire à rançon ses habitants, piller les trésors de l'église et les richesses des citoyens. Mais il en fut tout autrement, par suite d'un fait prodigieux relaté dans toutes les Chroniques et par tous les historiens locaux (1). Ces Normands étaient arrivés, en colonnes serrées, par la vallée de Vauroux (de là l'appellation étymologique de *Val de Raoul* ou *Rollon*). Les habitants, remplis de terreur, s'étaient

---

(1) Souchet, *Histoire du diocèse de Chartres*, t. II, liv. III, chap. 13, p. 76 ; et le *Livre des Miracles de Notre-Dame de Chartres* (Chartres, Garnier, 1855), in-8°, p. 179. Miracle 28, intitulé : « *Coment la cite de Chartres fut deliurée de ses anemis par la seinte Chemise de Chartres.* »

portés en foule sur le rempart, vers la partie nord de la ville, dans la crainte de tomber à la merci de ces nombreuses légions d'hommes armés, qui se pressaient de ce côté des murailles de la cité, et avec la résolution de les combattre.

L'attaque, commencée avec acharnement par l'ennemi, fut repoussée avec vigueur par les assiégés qui cependant commençaient à faiblir, lorsque l'on vit s'avancer processionnellement sur le rempart, le clergé chartrain ayant à sa tête l'évêque Gousseaume, qui, dans ce moment périlleux, avait eu l'inspiration de porter déployé au bout d'une lance, le Voile de la Vierge, tiré de la sainte châsse qui le renfermait; on y avait joint du bois de la vraie Croix. Tout à coup ces reliques vénérées furent présentées aux yeux des assaillants qui, au milieu de leur impétueux élan, s'arrêtèrent comme frappés de stupeur !

Les Chartrains, aidés des Bourguignons venus à leur secours, profitent avec bonheur de ce moment de torpeur et d'indécision, pour faire une soudaine irruption, par la porte de la ville située vers le faubourg Saint-Jean, sur ces hordes de Normands qu'ils assaillirent si vigoureusement, l'épée dans les reins, que ceux-ci, au nombre de six mille huit cents, allèrent, avec leurs chevaux et leurs équipages, s'enfoncer dans les terrains marécageux , et se noyer dans la rivière d'Eure, vers l'endroit où se voit actuellement le Pont-Neuf, et qui était alors un vaste lieu fangeux. Le nom de *Pré des Reculés* aurait été, par suite, donné à cette étendue de pâturages comprise entre les moulins des Graviers et des Filles-Dieu (1). Nous citerons, à ce sujet, un passage du *Livre des Miracles*, etc.

> Si grande occision en firent,
> Comme il leur vint à volonté ;
> Des ocis i ot tel planté
> Que la terre en fut jonchiée
> Tant i ot de gent détranchiée,
> Que li Chartein ont leur espées
> Dou sanc au païens saoulées :

C'est en souvenir de ce fait prodigieux et héroïque que le chant suivant fut inspiré à Claude Savard, qui voulut le célébrer et en conserver la mémoire à la postérité.

(1) En cet endroit, vers 1664, on découvrit une source d'eau ferrugineuse ; alors, quelques personnes en attribuèrent la cause à l'oxydation des armures des guerriers de Rollon, d'autres aux soldats du prince de Condé, enfouis en cette place, lors du siége, de 1568 ! ! !

CHANSON

DU SIÉGE DE ROLLON, DUC DE NORMANDIE,

Devant la ville de Chartres, en 911.

Au faubourg Saint-Maurice,
Le canon fut placé :
A coups *d'artillerie*
La ville a salué,
Et leur disant : « Canailles,
» Ouvrez les portes, ouvrez ;
» Au péril des murailles,
» Le prince veut entrer. »

Les dames de la ville,
Hardies comme des lions,
Très-honneste et civille
Portent en leurs cotillons.
Présentent aux sentinelles
Des raisins de Damas,
C'est pour donner *courage*
A ces pauvres soldats.

Il est vray que la bresche
Parut à la vigueur
Des canons, poudre et mesche
Des Normands destructeurs.
Mais l'illustre Marie,
Tutelle des Chartrains.
Jetta dans la prairie
Les iniques payens.

Ils croyaient mettre en pièce
Et l'image et l'autel,
De l'auguste déesse

Mère de l'Immortel,
Et démolir son temple,
Beauté de l'Univers,
Admiré sans exemple,
Par les peuples divers.

L'Evesque de la ville,
Monté sur le rempart,
Comme un soldat habile
Desploye l'estendard
De la Sainte-Chemise.
Ce prétieux trésor!
Il poursuit, sans remise,
Les soldats jusque à mort.

Esblouys de lumière
On vit les escadrons
Tomber dans la rivière,
Au nombre des poissons,
Laissaut sur le rivage
Les harnois et chevaux
Et tout leur équipage;
Après tant de travaux?

Chartrains, rendez hommage
A la reine des Cieux,
D'avoir eu l'advantage
Et d'estre victoieux
D'un ennemi impie
De la religion,
Du Duc de Normandie
Et d'autres nations.

Ce poème, habilement commenté, pourrait
avoir le succès de l'ouvrage intitulé : *Le*

Chef-d'œuvre d'un inconnu (1). Chacun a pu remarquer, en même temps que le style et la richesse des rimes, que notre auteur ne craint pas de nous signaler l'artillerie mise en œuvre au siége de Chartres, en l'an 911 ! Serait-il par hasard permis de révoquer en doute cette assertion historique : que les premiers engins d'artillerie n'auraient pas été employés en France, avant le milieu du XIVe siècle? Est-ce qu'il serait faux que l'anglais Roger Bacon en 1268, et le moine allemand Berthold Schwartz, fussent les inventeurs de la poudre à canon? Il n'est peut-être pas impossible que Claude Savard eût raison, car, Athénée, au chapitre 17, du 1er livre du *Banquet des Savants,* fait mention d'un mélange inflammable ; de même, le Père Amyot, dans ses *Mémoires des Missionnaires de Péking,* nous fait savoir que les Chinois connaissaient la poudre à canon, plusieurs siècles avant Jésus-Christ (2). Le bon sens

(1) « Poème heureusement découvert et mis au » jour, par le docteur Chrisostome Matanasius. » (Themiseuil de S. Hyacinthe) *La Haye,* 1745, 2 vol.

(2) Voy. *Mémoire sur la poudre à canon et son introduction en France.* Biblioth. de l'école des Chartes, 2me série, t. I, p. 28.

nous porterait cependant à supposer plutôt
que notre auteur aurait usé d'une grande
licence historique, pour donner plus d'attrait
au récit de son siége. A sa manière de rimer,
on s'aperçoit facilement, qu'il était habitué
à toute sorte de licences! Gavarni a dit, dans
sa série *des Hommes et Femmes de plume :*

Le poète finit où l'insensé commence :
Pour qui n'a plus d'oreille il n'est plus d'éloquence.

Le journal *le Monde* (1) vient nous fournir
la preuve que les peintres sont également
peu scrupuleux, en fait d'histoire. Car il résul-
terait d'une correspondance récente, arrivée
d'Abyssinie, que l'église d'Attegrath est ornée
de peintures, dont les sujets sont tirés de
l'Écriture-Sainte. On y a représenté *Moïse
fuyant à la tête des Hébreux :* ils ont déjà passé
la Mer Rouge, les fantassins Egyptiens les
poursuivent ; mais ceux-ci, à moitié englou-
tis par les flots, ont la précaution de lever
leurs *fusils* au-dessus de leur tête, par crainte,
sans doute, de mouiller la poudre ? On a
oublié d'indiquer si ces fusils étaient à *ai-
guille* ou du système *Chassepot.*

(1) *Figaro* du 19 mars 1868.

Revenons à nos chansons. On a imprimé quelque part : « Le Beauceron naît poète (1) » et Vincent Sablon, à ce sujet, s'exprime de la sorte : « Aussi l'on voit que les peuples, suc- » cesseurs des Druides, dans le pays Chartrain » et de Dreux, sont pleins d'esprit et font des » vers facilement (2). » A Chartres, il est, dit-on, un vieil auteur chansonnier, qui fut souvent accusé d'avoir composé en vers des boutades malicieuses et des chansons satyriques (3). Son domicile est à la base méridionale du vieux clocher de notre Cathédrale, et le vulgaire l'appelle l'*Ane qui vielle*. Mais un docteur ès-lettres, lauréat des jeux floraux, de notre connaissance, auquel j'ai montré le portrait de cet auteur et les chansons attribuées à ce savant d'Arcadie, a prétendu que la longueur des oreilles du susdit l'indiquait comme incapable de posséder un si beau talent poétique, ou alors ce serait un phénomène des plus rares. D'après cette affirma-

(1) *Le Beauceron*, almanach pour 1857, p. 118.

(2) *Histoire de l'avguste et vénérable Eglise de Chartres* (par Vinc. Sablon), édit de 1671, page 6.

(3) Une partie de ses œuvres existent à la Bibliothèque de Chartres, dans un manuscrit coté n° 5, 2ᵐᵉ partie.

tion, je me dispenserai de parler plus au long de cet Ane-onyme.

Mais parmi les nombreux rimeurs de la province Beauceronne, il ne faut pas omettre de signaler les chansonniers, tels que Guillaume de Ferrières, vidame de Chartres, Philippes Desportes et son neveu Mathurin Régnier. N'oublions pas Panard, Brault, de La Bazoche-Gouët; Claye, de Dreux: Saturnin Renault et son ami P. P. Delavoipière. Gardons-nous de délaisser un autre chansonnier auquel appartient le premier rang, notre Homère beauceron, l'illustre Morainville, dont nous avons pu collectionner la majeure partie des œuvres. Dans notre recueil, l'on ne compte pas moins de *trois cent cinquante chansons et dix complaintes !!!* Cet auteur si fécond a produit des chansons en tout genre : guerrières, galantes, bachiques, satyriques, comiques, historiques et de circonstance. Il composait, « étant prévenu quelques heures à » l'avance, des couplets pour fêtes, mariages » et baptêmes. » Nous ne dirons pas que ces poésies légères fussent des chefs-d'œuvre, attendu que pas un lecteur n'ajouterait foi à notre assertion; mais nous pouvons affirmer que, Bacchus aidant, chaque œuvre de commande était fabriquée lestement, et à un prix très-modéré. Tous les habitants du département d'Eure-et-Loir, ainsi que ceux des lieux circonvoisins, ont été, pendant trente années, alimentés par la verve gauloise de Morainville. Ce pauvre ménestrel du XIXe siècle s'époumonait, ainsi que son épouse, dans chacune de nos foires, à inculquer à nos vignerons et cultivateurs, le ton et la mesure de ses gais refrains. Mais la fin de ce poète est une preuve de plus qui vient confirmer cet adage du vaudevilliste :

> « Pégase est un cheval qui porte
> » Les grands hommes à l'hôpital. »

Jean-Baptiste-Alexandre Morainville, âgé de 56 ans, trépassa à l'Hôtel-Dieu de Chartres, le 28 juillet 1851, et son épouse, Marie-Marguerite Lejour, est décédée, dans la même ville, le 4 mars 1868, âgée de 79 ans, à l'Hospice Saint-Brice !!!

Cependant il est doux de penser que ces époux, au sein de leur misère, furent toujours honnêtes, et vécurent heureux en plaçant tout leur espoir dans la divine Providence. Chacun d'eux, en expirant, eut lieu de bénir la charité de ceux de nos concitoyens qui ont contribué à la fondation de précieux asiles en faveur des malades, des vieillards et des orphelins. Mais, en terminant, je n'oublierai pas de signaler le sage axiome du gai Morainville :

« *Faites des chansons, mais n'en vendez pas.* »

1ᵉʳ avril 1868.

UNE TRANSLATION FUNÈBRE

A Chartres, en 1791.

> C'est la charité qui a ordonné
> la première sépulture.
>
> S. MERCIER.

Nous sommes en 1791. L'atmosphère sociale et politique est à la tempête, une grande régénération est sur le point de s'accomplir; le corps du clergé, aussi bien que celui des ordres religieux, en France, doit subir une transformation. Dès le mois d'octobre 1790, les Chapitres des Cathédrales et des Collégiales sont anéantis, les monastères des deux

sexes supprimés ; des onze paroisses établies
antérieurement à Chartres, une seule doit
momentanément subsister : l'ancienne basilique de Notre-Dame est désignée à cet effet.
L'Évêque constitutionnel nouvellement élu,
assisté de seize vicaires, devra suffire à tous
les besoins religieux, dans ce nouvel état de
choses.

Ce fut alors que tous les autres édifices,
autrefois consacrés au culte, furent vendus,
soi-disant, par la Nation. Mais, dans ces sortes de ventes, il était fait réserve par l'Etat,
du cuivre, fer, plomb, des vitraux et tombes
qui pouvaient exister dans la construction
des bâtiments adjugés. C'est en vertu de ces
clauses, que nous voyons, cette même année, jeter au creuset, pour les transformer
en canons, trois magnifiques tombeaux en
cuivre d'évêques de Chartres, érigés dans
l'église des Jacobins.

Il existait, au moyen-âge, près de la ville
de Chartres, un hospice dont la fondation
serait attribuée à Thibault III, comte de
Chartres, vers 1054, hospice qui devint, plus
tard, la Léproserie du Grand-Beaulieu. La
maladie de la lèpre ayant à peu près disparu,
vers la fin du XVIe siècle, Ferdinand de

Neufville, évêque de Chartres, obtint du roi la majeure partie des propriétés de cette ancienne Maladrerie, pour y fonder, en 1659, un Séminaire diocésain. Trois de nos prélats avaient fixé le lieu de leur sépulture dans la Chapelle de cet établissement; mais un décret du 3 décembre 1790 ordonna la vente des bâtiments et dépendances de cette institution, qui furent adjugés, le 14 février 1791, à MM. Petey et De Rey, pour la somme de 65,200 livres (1).

Ce fut alors que M. Petey, l'un des acquéreurs, donna avis à l'administration départementale qu'elle eût, suivant les clauses de son marché, à faire enlever les cercueils contenus dans le caveau de la Chapelle ainsi que les tombes et inscriptions placées en ce lieu, afin d'éviter toutes profanations ou violations de sépulture.

Le 29 juillet 1791, le Directoire du Département prit un arrêté portant : que tous les cercueils contenus dans le caveau de la Cha-

---

(1) L'ensemble de cette belle propriété se composait d'une église, de vastes logis, cour, basse-cour, jardins, avenues, vignes, terres labourables, bois, vivier, le tout en un tenant et d'une contenance d'environ dix-huit hectares.

pelle du ci-devant Grand-Séminaire seraient
enlevés et transportés dans le cimetière général de Chartres, et qu'ils. y seraient déposés dans une fosse, à 8 pieds de profondeur,
de manière qu'il y eût au moins six pieds de
terre au-dessus de chacun d'eux, et que les
inscriptions, actuellement placées dans la
Chapelle, et relatives à ces corps, fussent
aussi enlevées pour être ensuite fixées à l'un
des murs du nouveau lieu de sépulture, et à
proximité de la nouvelle fosse, afin d'indiquer
pour l'avenir, l'endroit exact de ce dépôt.

Dès le mardi 16 août suivant, MM. Gratien
et Jumentier, vicaires épiscopaux et parois-
siaux de Chartres, commissaires nommés
par le Conseil épiscopal, Levassort, admi-
nistrateur du District et membre du Directoire, Courtier, syndic du district, tous désignés à l'effet d'opérer cette translation, se
transportèrent au Grand-Baulieu, assistés de
M. Paillart, secrétaire du District. Ils y trou-
vèrent M. Petey, nouveau propriétaire du
lieu, ainsi que MM. Lonqueue, prêtre, desservant de la paroisse de Saint-Julien du
Coudray, Binet, maire, Vangeon, procureur
de cette municipalité sur le territoire de
laquelle était situé le Grand-Beaulieu, et

Bonvallet, secrétaire-greffier, lesquels avaient été invités à se trouver en cet endroit.

Les témoins, ci-dessus désignés, ayant été conduits dans une petite chapelle latérale faisant partie de la grande chapelle du Séminaire, firent déplacer le marche-pied de l'autel et purent ainsi pénétrer, par un escalier de dix marches, dans ce dépôt sépulcral, qui était voûté et large de huit pieds sur quatorze de longueur. Il contenait six cercueils en plomb, posés à terre les uns à côté des autres. Deux de ces cercueils, n'ayant aucune inscription ni indication des personnages qu'ils contenaient, furent marqués, à l'aide d'un couteau, des numéros 1 et 2; le 3me portait une inscription sur cuivre et gravée, qui indiquait qu'il renfermait le corps de Paul Godet des Marais, évêque de Chartres, décédé le 26 septembre 1709; le 4me avait également une inscription sur cuivre, qui faisait connaître qu'il contenait les restes mortels de Ferdinand de Neufville, autre évêque de Chartres, mort le 8 janvier 1690; le 5me avait une inscription gravée sur plomb, et portant que là gisait le corps de Charles Moustiers de Mérinville, évêque de Chartres, décédé le 10 mai 1746; et le 6me renfermait celui de Pierre Berthault, chanoine, sous-doyen du Chapitre de Chartres, vicaire général et official de l'évêque Ferdinand de Neufville, décédé le 19 octobre 1681.

Ces six cercueils de plomb furent extraits et déposés dans la Chapelle du caveau. La porte en fut soigneusement fermée et la clef déposée entre les mains de M. Binet, maire de la commune, jusqu'au lendemain, jour fixé pour la translation à Chartres. Furent invitées à prendre part à cette cérémonie les autorités administratives et la garde nationale du Coudray.

Le mercredi 17 août, à sept heures du matin, les Commissaires nommés, s'étant transportés au Grand-Beaulieu pour procéder à l'enlèvement des six cercueils, avaient fait préparer et décorer une voiture, en forme de corbillard. Elle était recouverte d'un drap mortuaire, formant catafalque, lequel était parsemé d'ornements funèbres et symboliques.

MM. Lonqueue, prêtre desservant, Binet, maire, Prévôteau, Langlois et Lecomte, officiers municipaux du Coudray, étaient déjà réunis, avec la garde nationale de cette commune qui était commandée par M. Claude-

Charles-François Hérisson, avocat (1), son colonel. L'ouverture de la chapelle ayant été faite, on trouva les cercueils rangés dans le même ordre que la veille.

Tout étant ainsi disposé, arriva, bientôt après, le clergé épiscopal et paroissial de l'église Notre-Dame de Chartres, présidé par M. Guerrier, premier vicaire, qui récita les prières usitées pour la levée des corps. Ceux en question furent placés dans la voiture. M. Guerrier était assisté, dans ses fonctions, des quinze autres vicaires épiscopaux dont les noms suivent : MM. Bouvet, Tabourier, Jumentier, Mauguin, Le Bas, Layé, Supersac, Gratien, Vitalis, Tulot, Heppe, Caillé, Bourgeois, Hardy et Rebré. Ce dernier était curé titulaire de la paroisse du Coudray. MM. Pouilley, vicaire-supérieur du Séminaire, Leblond et Gaubert, vicaires-directeurs du même établissement et les marguilliers du Coudray, étaient aussi au nombre des assistants.

Les administrations de Chartres s'étaient

____

(1) Né à Chartres le 26 octobre 1762 ; bibliophile Chartrain, décédé juge au tribunal civil de Chartres, le 27 juillet 1840, âgé de 78 ans.

fait un devoir de répondre à l'invitation qui leur avait été adressée, au nom du Corps municipal de Chartres, et par l'intermédiaire de M. Courtier, procureur-syndic, d'assister à cette cérémonie funèbre, par respect envers les anciens chefs du diocèse, ou d'y envoyer officiellement des députés pour les représenter. On y remarquait MM. Montéage, Barré, Levassort et Le Tellier, officiers municipaux, Brazon, Chasles et Durand, notables, membres du Conseil général de la commune de Chartres; Dutemple de Rougemont, Pétion de la Baste et Dufresnay, membres députés de l'administration du Bureau des Pauvres. On voyait aussi figurer trois détachements de troupes : le premier était celui de la garde nationale Chartraine, composé de soixante-douze hommes, ayant à leur tête MM. Petey, lieutenant-colonel, Romier, major, Dufresnay et Foreau-Trizai, capitaines. Le second détachement était formé de quatre gendarmes nationaux, commandés par le lieutenant Delafontaine. Le troisième comptait trente dragons du 4ᵉ régiment, sous les ordres du maréchal-des-logis Dampenon.

Ce cortége imposant. escorté d'une foule

immense de gens pieux et de curieux, se
mit en marche, et entra dans la ville de
Chartres par la porte Saint-Michel; il se dirigea ensuite vers la porte Royale de la Cathédrale. Là se tenait, en les attendant,
M. Nicolas Bonnet, évêque du Département
d'Eure-et-Loir, revêtu de ses habits ponti-
ficaux et accompagné d'un petit nombre de
prêtres. Il prononça les prières d'usage,
pour introduire les corps des défunts dans
le chœur. Ensuite fut célébrée une messe
solennelle des Morts, dans laquelle M. l'é-
vêque officia *in pontificalibus*. Après le service funèbre, les six cercueils furent transportés, à bras d'hommes (six porteurs pour
chaque corps), au cimetière général de la
commune de Chartres (actuellement celui de
Notre-Dame), avec le même cérémonial que
celui qui avait eu lieu, pour leur enlèvement, au Grand-Beaulieu. Les cloches son-
naient à toutes volées, et une foule immense
se pressait sur le parcours.

Suivant l'ordre précis de l'arrêté du Directoire, une vaste fosse, ayant huit pieds de
profondeur, avait été creusée près du mur,
au midi du cimetière, et il fut constaté que
cette fosse était située à *cent trente-quatre*

pieds de la porte d'entrée dudit cimetière
(43 mèt. 50 cent.). Le cortége étant arrivé en
cet endroit, les corps furent déposés au lieu
désigné, dans le même ordre où ils avaient
été trouvés dans le caveau, et l'inhumation
faite selon les cérémonies ordinaires. Ce fut
M. Nicolas Bonnet, évêque, et ses vicaires,
qui firent la constatation de cette inhumation, sur les registres de l'état-civil de Chartres, où elle se trouve relatée, avec la signature de tous les déclarants, et à la fin du
même registre, se voit libellé le procès-verbal complet.

On renvoya à un autre jour l'apposition,
sur le mur du cimetière, des inscriptions fu-
néraires qui se trouvaient dans la chapelle
du Grand-Séminaire, et étaient relatives aux
défunts qui venaient d'être inhumés de nouveau. Mais en ce temps de tourmentes, où
tant d'événements se précipitaient, l'autorité
du lendemain méconnaissait le décret donné
la veille. Ainsi ces épitaphes enlevées du
Grand-Beaulieu par Laurent Morin, mar-
brier, chargé de les disposer, de manière à
être placées sur le mur, vis-à-vis de la fosse,
ces épitaphes, dis-je, par suite des événements de la fin de l'année 1791 et du progrès

des idées anti-religieuses, ne furent jamais posées dans le lieu assigné. Le magnifique monument de marbre blanc de Ferdinand de Neufville fut divisé en plusieurs fragments qui furent vendus et tombèrent dans les mains de divers amateurs. Nous avons été assez heureux pour retrouver et acquérir, en faveur du Musée de la Société archéologique (1), la plaque de marbre contenant la grande inscription et qui servait de dessus à une commode !

Nous avons cru ces divers détails assez intéressants pour être signalés à nos concitoyens. On ignore, aujourd'hui, l'endroit où reposent les restes mortels de ces anciens Evêques, et cela s'explique par la précaution prise par le Directoire du Département de les faire inhumer à huit pieds de profondeur. On comprend que les diverses fouilles opérées en cet endroit, pour plusieurs inhumations successives, n'aient jamais conduit à la découverte de ces cercueils de plomb.

Deux ans après cette cérémonie, les idées matérialistes avaient singulièrement pro-

(1) Voy. *Procès-verbaux de la Société archéologique*, t. I, page 205.

gressé. Les enfants d'alors répétaient à l'envi : « Il n'y a plus de Dieu, il n'y a plus que l'Etre-Suprême de Robespierre (1). » Chaumette avait proclamé à la tribune, et à la face du peuple : « qu'il ne restait plus rien de l'homme, après la mort. » Le scandale des inhumations faites sans aucun signe religieux, ainsi que les idées d'athéisme qui avaient cours alors, conservèrent quelque durée. Le clergé n'était plus appelé à venir assister la famille sur la tombe des défunts qui lui étaient chers. Dans les villes, un commissaire délégué, à cet effet, remplissait avec indifférence ce sublime ministère. A Chartres, le sieur Chambrette, sculpteur, ancien notable de la Commune et gardien spécial du Temple de la Raison, en était chargé ; il était comme le page de M. Malbrough « tout de noir habillé, » et tenait en main une canne de couleur blanche avec une pomme en ivoire, signe de ses fonctions. Lorsqu'arrivé sur le bord de la fosse, le cercueil était descendu, il prononçait, d'une voix cadencée, ces mots usuels : « Dors,

(1) *Paris pendant la Révolution*, par Mercier, ch. ccxxxii.

corps mort, jusqu'à ce que l'Eternel qui est au ciel te réveille ! »

A cette époque, on conçut l'idée de copier tous les usages bizarres et ridicules des nations tant anciennes que modernes, et qui consistaient à laisser à chacun « le soin de faire brûler ou inhumer, dans tel endroit qu'il jugerait convenable, le corps de ses proches, ou des personnnes amies; ce fut surtout la crémation (1) qui fut sur le point d'être érigée en loi : on voulait « rétablir les dieux lares, les autels domestiques, les urnes cinéraires et les fioles lacrymatoires des anciens (2). »

Nous dirons, en terminant, que la Chapelle où reposaient, en 1791, trois de nos Evêques chartrains, au Grand-Beaulieu, est actuellement un vaste terrain livré à la culture, et que la fosse où ils furent ensuite inhumés, au cimetière de Notre-Dame, emplacement

----

(1) Le 24 septembre 1797, le corps du général Marceau fut brûlé, ses cendres mises dans un vase d'airain et déposées dans son tombeau, élevé par l'armée de Sambre-et-Meuse, près Coblentz.

(2) Voyez, sur ce sujet, le discours prononcé au Conseil des Cinq-Cents, par Mercier, le 18 frimaire, an v. (8 décembre 1796).

que nous avons soigneusement recherché,
d'après les spécifications un peu ambiguës
portées au procès-verbal, n'avait pas, jusqu'à
ce jour, été signalée et, par conséquent découverte, attendu qu'il n'existait aucune indication, aucun document, ni tradition sur
l'endroit précis où ces restes furent déposés ;
et par la raison encore, que divers remanie-
ments de terrain et de clôtures furent successivement opérés en ce cimetière (1).

Dans une circonstance aussi embarras-
sante, désirant, cependant, pour notre satisfaction personnelle d'archéologue, aider à la
solution de cette grave difficulté, nous avons
procédé au relevé géométrique et à l'attentif
examen des divers plans de ce terrain. D'a-
près nos recherches, nous croyons pouvoir
affirmer que la fosse commune aux six cercueils de plomb, ci-dessus désignés, est limitrophe de la propriété Marteau, et qu'elle
est située dans la baie de la porte charretière
de ce cimetière, servant à l'introduction des
matériaux. Dans le cas contraire, elle devrait
se trouver, et cela indubitablement, à quel-

(1) Voy. *Lettres Beauceronnes*, page 289. (Chartres, Garnier, 1865).

ques mètres seulement du monument érigé à la mémoire de M. Billard l'aîné, ancien maire de Chartres, près duquel existait à cette époque un autre mur du cimetière également orienté vers le midi. Ainsi donc, il ne s'agirait, selon nous, que de pratiquer un sondage dans l'un ou l'autre de ces deux endroits ci-dessus désignés, pour arriver à un résultat concluant.

Nous laissons du reste, à qui de droit, le soin de contrôler notre opération, de vérifier notre dire et de décider, en même temps, s'il ne serait pas convenable et décent de mettre un terme à l'état de choses actuel. Si ces vénérables restes ne devaient pas être exhumés du lieu qu'ils occupent et déposés dans la Crypte de Saint-Brice, ancienne nécropole de nos évêques, ne serait-il pas au moins convenable que, sur le mur mitoyen et limitrophe de la sépulture, fût apposée une inscription destinée à relater le fait, et à transmettre le souvenir de ces prélats Chartrains à nos arrière-neveux ?

30 janvier 1869.

LA MAISON DE PIERRE PLUMÉ.

> C'est l'inconnu ! C'est le changement !
> C'est l'imprévu !
>
> J. VIARD.

La Société dite du Parvis Notre-Dame de Chartres poursuit laborieusement son œuvre ; après la disparition du vieil Hôtel-Dieu, vient le tour de la maison canoniale et quasi légendaire, habitée au XVe siècle, par le chanoine Pierre Plumé, laquelle est, en ce moment, soumise au pic des démolisseurs. Si, au siècle passé, en 1790, le Chapitre de Chartres, si fameux par les hommes illustres sortis de son sein, après avoir fourni des Papes, des Cardinaux, des Archevêques, des Evêques, etc., après avoir possédé de si beaux priviléges et de si grandes richesses territoriales, fut alors anéanti; il était réservé à notre époque d'effacer les derniers souvenirs de cette ancienne institution, en venant successivement abattre les vastes maisons canoniales du Cloître Notre-Dame, occupées de droit par les chanoines, pendant la vie entière des titulaires.

Notre historien chartrain Duparc vous apprendra qu'il existait, dans le Cloître « trente-
» trois grandes maisons de pierres, autre-
» ment appelées *Perrons*, basties à l'antique,
» la moindre desquelles maisons se pourroit
» bien aisément séparer en trois beaux corps
» de logis, et telles autres desdites maisons
» en cinq ou six corps de logis, telz que sont
» des beaux de la ville (1). »

La maison que l'on achève de détruire de fond en comble faisait l'angle de la rue de l'Hôtel-Dieu, vis-à-vis le clocher vieux de la Cathédrale; elle était occupée dernièrement

---

(1) Voy. *Hist. du Cloître Notre-Dame de Chartres* (Mém. de la Société Archéol., t. I, p. 141).

par l'Ouvroir des Sœurs de Saint-Michel. Ce vaste logis se composait, sur la façade, de deux bâtiments avec pignon, construction faite en pierres de Berchères et silex jusqu'au plancher des greniers. Son aspect extérieur, sauf sa porte d'entrée qui était en forme d'arc surbaissé et ornée d'une grosse moulure formant accompagnement, au cintre de cette baie de porte; elle offrait encore un cordon en pierres, d'un style mâle et sévère, et ses deux pignons aigus. Rien autre chose ne semblait révéler l'origine antique de ce vieux perron, qui a subi des transformations successives, selon le goût de chaque époque et de ses divers usufruitiers.

Malgré toutes ces vicissitudes qui tendaient à nous dérober son histoire, voici comment nous avons pu déchiffrer, archeologiquement parlant, chacune de ses modifications. Ces vastes locaux furent d'abord édifiés au XIIIe siècle, sur l'emplacement d'une autre maison, ce qui nous est révélé par un pilier carré et engagé qui se trouve dans la soupente. Un incendie avait sans doute été la cause de cette reconstruction; car nous avons signalé, sur la paroi du mur de la maison limitrophe (qui était originairement mitoyen), dans la partie avoisinant la voie publique du cloître, les traces évidentes et les preuves, selon nous irréfragables, d'un grand sinistre; ce mur construit en silex, indique, en effet, par sa couleur rouge et sa division en lamelles, un fait semblable à celui que nous avons découvert et signalé, lors de la démolition de l'ancienne Salle Saint-Côme.

Ensuite, au XVe siècle, les baies des fenêtres, qui étaient accompagnées, dans l'origine, d'un meneau au milieu de la baie, et à l'intérieur par des siéges en pierre de chaque côté, furent en partie enlevées. Deux des fenêtres de la façade, au premier étage du grand bâtiment, furent alors transformées. On refit l'encadrement en pierres tendres, ornées de ces grosses moulures évidées et prismatiques, spéciales au XVe siècle, et dont le linteau, dans l'évidement de la moulure, avait un courant sculpté de feuilles de chardon, en forme de couronnement. La charpente de la façade des pignons dut être refaite, à cette époque, et ornée de fenêtres divisées chacune en trois parties, dans la hauteur (il y en avait trois à un pignon et quatre à l'autre). Chacune d'elles était distinguée, à la partie supérieure, par un dessin trilobé et découpé avec moulures, d'un effet très-pittoresque, dans le temps où la charpente de toute cette construction était apparente, ce qui exista jusqu'au XVIIIe siècle; alors, l'on transforma encore une fois l'aspect des fenêtres; les vitraux losangés et plombés disparurent, et des fenêtres à grands carreaux furent disposées à leur place; les baies chanfreinées ou à moulures, remises à angle droit au moyen du plâtre; enfin tous les pans de bois de l'extérieur furent contre-lattés, enduits et cinglés. Tel était, de nos jours, l'aspect de la maison.

Les murs de ces vastes constructions portaient, en moyenne, 92 centimètres d'épaisseur; des cloisons en bois divisèrent successivement, suivant le goût et les besoins du chanoine occupant, ces grands appartements. Sous les platras, nous avons trouvé quelques traces de peintures à fresques, ainsi que le *buen-retiro*, le *closett*, ou cabinet de travail du maître du logis. Cette pièce, situé au premier étage, avait une cheminée et deux fenêtres, l'une donnant sur la cour de la maison, et l'autre sur la rue de l'Hôtel-Dieu. L'huisserie de la porte de communica-

tion ou d'entrée de cette pièce était formée
de deux colonnes en bois sculpté de la fin du
XVe siècle, ornées d'écailles et de feuilles de
laurier, divisées dans la hauteur, par de
petits pinacles portant, à leur sommet, une
fleur de lys, et, pour couronnement desdites
colonnes, un lion. Le linteau était dans un
bon état de conservation; au milieu se voit
un écusson portant en chef trois roses, et,
sur l'écu, une tête d'animal figurant, peut-
être, une tête de loup; deux mains, ayant
les doigts passés dans la gueule de l'animal,
semblent s'efforcer de l'ouvrir violemment,
et, de chaque côté de cet écu, est un courant
de pampres garnis de fruits. A deux des
angles de ce cabinet existaient encore deux
autres piliers sculptés, limitant un arc surbaissé en menuiserie. Il est fâcheux que ces
fragments d'objets d'art de cette époque,
assez rares à rencontrer, se soient trouvés si
fâcheusement mutilés pour l'agencement de
la menuiserie moderne. Cependant leur
place, en dépit de graves avaries, doit être
au Musée de la ville.

Ce qui intéressait dans cette maison canoniale, au point de vue de l'histoire locale,
ce qui doit exciter les regrets des Chartrains

bibliophiles, c'est que cette habitation aurait été, au XVe siècle, la demeure du chanoine Pierre Plumé (il y décéda en 1494), dont la famille occupa divers emplois honorables dans notre cité, et fournit trois chanoines au Chapitre de la Cathédrale (1). Notre intention n'est ni de faire ici un cours de bibliographie locale, ni de nous livrer à une description archéologique complète de la maison que ce généreux chanoine, bibliophile et novateur, habita. Ce n'est pas ici le lieu, pour une pareille entreprise.

Il nous suffira de dire que si Paris eut l'avantage de voir, en 1470, importer dans ses murs l'invention de Gutenberg, ce nouveau mode de reproduction des anciens manuscrits, par l'impression, ne s'étendit que lentement dans les diverses villes de France. Chartres ne peut signaler qu'en 1550 seulement, un imprimeur en titre, installé et résidant dans son enceinte. Diverses villes, telles que Strasbourg, Lyon, Paris, Troyes, etc., eurent aussi, dans l'origine, des maîtres imprimeurs ambulants ou forains, qui se

____

(1) Pierre Plumé était, en 1489, prieur et curé de Morancez, près Chartres.

transportaient ici et là pour exécuter, sous les yeux des auteurs ou des bibliophiles et à leurs demandes, des impressions diverses. Nous pourrions faire remarquer, à cette occasion, qu'un certain nombre de personnages du clergé introduisirent cette importante découverte dans les lieux de leur résidence. Ils mettaient leur domicile à la disposition des imprimeurs forains. Plusieurs même allèrent jusqu'à remplir l'emploi de compositeurs typographes, pour faciliter la mise au jour de ces célèbres éditions. Citons seulement, pour aujourd'hui, entre beaucoup d'autres, le *Breviarium historiale,* œuvre du chanoine de Chartres, Landulphus Columna (1), qui fut imprimé à Poitiers, dans la maison d'un chanoine, près l'église Saint-Hilaire, en 1479, et un *Livre d'heures,* imprimé en 1491, à Goupillières (Eure?) par « Messire Michel Andrieu, prestre. »

Eh bien! à Chartres, ce fut dans la maison

---

(1) Landulphe de Coloumelle, vivait au XIVᵉ siècle, et était le neveu de Raoul de Coloumelle, archéologue et jurisconsulte; ils seraient originaires du bourg de Coloumelle, dans l'ancien pays Chartrain, diocèse d'Orléans. Voy. Dom Liron.

que l'on abat actuellement, que furent imprimés deux livres chartrains : un Missel et un Bréviaire à l'usage de ce diocèse. Ce dut être assurément un événement bien curieux pour nos concitoyens de voir arriver dans leur ville, en 1482, maître Jehan Du Pré, imprimeur Parisien, qui, dès 1481, avait déjà mis au jour un Missel à l'usage de Paris. Il avait été mandé par l'intelligent et généreux chanoine Pierre Plumé, pour reproduire par l'impression ces deux ouvrages. On put remarquer alors une haquenée traînant une charrette, dans laquelle se trouvaient une presse et diverses caisses contenant quatre corps de caractères typographiques, avec tous les ustensiles nécessaires pour exercer cette nouvelle industrie; puis le maître ès-arts s'installer dans une salle basse de cette maison canoniale, pour composer, et ensuite tirer les feuilles de vélin, fabriquées par nos parcheminiers Chartrains, à l'intention de ces ouvrages de liturgie. Deux autres volumes auraient, selon quelques probabilités, été également imprimés en ce logis, mais jusqu'à ce jour, nous n'en n'avons rencontré aucune preuve certaine.

Le Missel, à l'usage de Chartres, imprimé

chez Pierre Plumé, est de format in-4° et composé de 226 feuillets. Il en existe encore deux exemplaires connus, l'un à la bibliothèque de Chartres, et l'autre à celle dite Mazarine à Paris; il est coté n° 1162. C. 3. Ce dernier est bien complet; il possède deux grandes miniatures, qui ne sont en réalité, que deux gravures sur bois, enluminées à la gouache. A la fin du canon de la messe se lit, feuillet 93 verso : *presens Missale quod pluribus devotissimis suffragiis bene munitum, secundum usum Carnotensem peroptime correctum, in famosissima urbe Carnoti, domo canoniali sita in claustro, sumptibusque venerabilis et discreti viri magistri Petri Plume, ejusdem insignis ecclesie canonici, per magistrum Johannem Du Pre, arte impressoria feliciter insculptum est, die ultima mensis julii, anni Domini millesimi quadricentesimi octuagesimi secundi.* Le Missel que possède la bibliothèque de Chartres est plus riche en miniatures, formant entourages de pages, que celui de la bibliothèque Mazarine, il a été revêtu il y a une dizaine d'années d'une splendide reliure en maroquin, laquelle, quoique non enrichie de dorure, a coûté la somme de cent trente francs. Avant cette

époque, cet exemplaire était déjà incomplet
(une de ses grandes miniatures ayant été
enlevée). Depuis sa nouvelle restauration,
l'autre miniature, représentant *la Crucifixion*,
a également disparu! Mais ce qui excite le
plus mes regrets, c'est une note manuscrite
apposée sur une des gardes de l'ancienne
reliure, par un savant conservateur de la
bibliothèque, M. D. de B., qui avait tracé cet
autographe remarquable par sa naïveté et
digne de Calino : « *Ce* MANUSCRIT *a été* IMPRI-
» MÉ, *à Chartres ! ! !* »

L'exemplaire que possède la bibliothèque Mazarine, était à l'usage du chanoine
Pierre Plumé. Il porte son blason qui est
*d'argent, chargé en fasce de trois têtes d'aigle
arrachées de sable, au chef d'or, à deux ran-
gées de cinq losanges de gueules.* Ce sont bien
les armes de cette famille. En outre, on lit
en tête de ce volume, qui provient de la bibliothèque du Chapitre de Chartres : « Missel
de M. Plumé. » Personne n'a encore, du
moins que je sache, signalé ces particularités. Il est également intéressant de savoir
comment ce Missel fut transféré à Paris.

M. Chardon de la Rochette avait été chargé, par ordre du ministre de l'Intérieur, le

11 prairial an VI (30 mai 1798), de rechercher les plus beaux manuscrits provenant du château d'Anet. S'étant, à cet effet, transporté à Anet, puis à Chartres, il enleva seize volumes manuscrits, dont il donna décharge au conservateur de la bibliothèque centrale du département d'Eure-et-Loir. Dans le procès-verbal se lisent encore les lignes suivantes : « De plus j'ai reçu, comme un don fait » au département de la Seine, par celui » d'Eure-et-Loir, le Missel à l'usage de Char- » tres, imprimé aux dépends du chanoine » Plumé, et dans le cloître, par Jean Dupré, » en 1482, in fol., à Paris, ce 14 messidor, » an VI, (2 juillet 1798), signé Chardon de » la Rochette. » Ainsi, ce sont les autorités chartraines, ignorant la valeur du précieux volume, qui ont fait ce cadeau considérable aux Parisiens, déjà si riches en ces sortes de raretés. On avouera que le procédé est naïf !

Le Bréviaire, imprimé également à Chartres, en 1483, se trouve, comme le Missel, à la bibliothèque Mazarine, où il est conservé, sous le n° 23,800, A. A la page 84 verso, à la fin du psautier, se lit : *anno domini m°, cccc°, octuagesimo tercio, quarta decima die mensis aprilis, in domo venerabilis canonici magistri Petri Plume. — Ora pro eo.* Dans ces deux volumes, toutes les lettres rouges, ou rubriques, sont faites à la main, ainsi que la notation du plain-chant.

Enfin, dans ce même logis, le jour de Noël, en 1811, décédait également un autre bibliophile chartrain, François-Marie de Charmond, Maître ès-arts de l'Université de Paris, né à Paris, le 16 avril 1716. Il était ancien chanoine de Chartres et pensionnaire de l'État, âgé de 95 ans et 9 mois. Ruiné par la Révolution, il avait été contraint, peu de temps avant de mourir, de vendre ses chers livres qui étaient, dans son malheur, son unique consolation, et cela afin de pouvoir satisfaire à ses besoins et aux exigences de ses créanciers. Ainsi se trouva dispersée sa bibliothèque si riche en raretés.

En résumé, voilà donc la maison canoniale de Pierre Plumé rasée à fleur du sol; les caves se comblent en ce moment, et bientôt, lorsque le macadam du parvis Notre-Dame aura recouvert le tout, il n'existera plus trace du lieu où furent imprimés les premiers livres incunables chartrains. En attendant, nous avons cru devoir relever avec

soin le plan de cette maison, ainsi que certains dessins d'ensemble et des profils de
moulures qui accusent, d'une manière posi-
tive, les siècles dans le cours desquels elle
fut ornementée. Nous avons réservé une collection de tuiles, ainsi qu'un beau spécimen
de la charpente des combles, afin de démontrer l'erreur où l'on est toujours tombé, en
venant affirmer que les charpentes de divers
édifices publics anciens, tels que la cathédrale de Chartres, avant l'incendie de 1836,
étaient en bois de châtaignier. Nous réser-
vons pour la Société Archéologique un travail plus complet, sur ce sujet intéressant.
Puis une tête de dauphin, de gouttières en
fonte, du XVIIe siècle, a été déposée au Musée. Malgré nos investigations d'archéologue
dans ce vieux logis, poussé par l'esprit de
curiosité, nous n'y avons pas rencontré, soit
une balle d'imprimeur, soit une frisquette,
ou quelques maculatures délaissées par le
typographe parisien.

Il était vraiment curieux d'assister, chaque jour, à la démolition de ces vieux corps
de logis, d'entendre les passants disserter, à
l'envi, sur l'utilité de ces démolitions, dont
on ignore le but réel, faute d'un plan d'en-

semble connu, pour l'avenir. L'on creuse
aussi, en ce moment, les fondations pour
poser la grille générale qui doit enclore la
Cathédrale, et qui remplacera cette affreuse
palissade en planches qui, depuis plus de
vingt ans, encombre la voie publique et pro-
voque le rire des étrangers. Il serait, il nous
semble, assez difficile de constater la nécessité de la pose d'une grille devant la façade
de l'église. Ce ne doit pas être assurément
dans l'intention de protéger cet édifice qui,
depuis huit cents ans, n'avait jamais été mis
en possession d'un pareil moyen préservatif,
lui qui, du reste, ne subit, précédemment,
aucune atteinte dommageable. Un loustic
disait, en passant, que c'était sans doute
pour la sûreté personnelle de l'*Ane qui
vielle*, et sur sa réclamation, vu son état d'i-
solement actuel, ou peut-être encore, pour
le garantir un peu du vent froid qui semble
avoir redoublé ses rigueurs, en cet endroit,
depuis la démolition de l'Hôtel-Dieu.

Enfin, touchant le même sujet, un Chartrain, docteur m. d. P., m'a assuré qu'il
était question de construire trois tunnels aux
environs du Cloître, pour conduire les fidèles sains et saufs aux diverses entrées de

notre Cathédrale, désormais inabordable, pour les dames surtout, vu l'insolence du vent pendant la majeure partie de l'année. L'idée nous semble nouvelle, originale et même ingénieuse : mais a-t-elle quelque chance de succès? C'est douteux ; la province généralement n'est pas novatrice. Si cette idée était d'abord réalisée à Paris, il ne serait pas impossible qu'elle le fût, un jour, dans notre bonne ville de Chartres. Enfin, l'on perce en ce moment le mont Cenis ; l'on pourfend l'Isthme de Suez ; et il est question de créer un tunnel sous la Manche, pour former une union indissoluble entre les Français et les Anglais. S'il en est ainsi, ayons donc confiance dans les progrès de l'avenir.

20 mars 1869.

LA MAISON DE L'ÉTROIT-DEGRÉ

SIEYÈS ET LIENDON.

> Ah ! respectons nos vieux monuments,
> c'est notre histoire même.
>
> SCHMID.

Voici encore une nouvelle étude archéologique, à propos de la démolition, qui s'opère en ce moment même, de l'ancienne maison canoniale dite de l'Étroit-Degré. Comme pour la maison de Pierre Plumé, nous allons tâcher de nous faire l'historiographe de cette demeure, et le biographe de quelques personnages qui l'ont habitée.

Au mois de décembre dernier, des concitoyens généreux, ou intéressés dans la question, s'engagèrent, dans une pétition adressée au Conseil municipal, à payer 4,000 fr.
à la ville de Chartres si elle voulait consen-
tir à acquérir et démolir de suite la maison
de l'Étroit-Degré, mais à la condition, toutefois, qu'on ménagerait devant certaines propriétés, une largeur de neuf mètres (1). Ce
logis étant alors à peu près vacant, la proposition obligeait le locataire et aussi le propriétaire, car cette antique maison construite
en maçonnerie n'était plus guères habitable;
de plus, elle était sujette à un reculement
de 80 centimètres sur toute la façade du côté
de la rue du Cheval-Blanc. L'emplacement,
devenant alors très-exigu, rendait bien difficile l'établissement d'une construction commode et confortable, attendu qu'il existe
dans toute la longueur de cette façade uue
cave qui a douze mètres de profondeur; ce
qui aurait occasionné au propriétaire une
dépense ruineuse pour les fondations.

Ces raisons considérées, la pétition fut

(1) Voyez, séance du Conseil municipal de
Chartres, du 2 décembre 1868.

présentée. Elle exposait, entre autres argu-
ments spécieux, que la rue Sainte-Même
n'avait pas un débouché suffisant pour le
public qui, de l'intérieur de la ville, désire
se rendre vers la porte Châtelet, et que,
d'ailleurs, la descente de l'Étroit-Degré était
un passage dangereux (passage existant cependant en cet endroit et disposé de la sorte
depuis six cents ans). Enfin, quoi qu'il en
soit, les raisons furent admises, l'acquisition
faite pour 18,000 fr., et la démolition ordon-
née, à la suite d'une trop briève enquête,
dans laquelle nous crûmes devoir déposer
notre dire fortement motivé et constatant
que cette opération, très-avantageuse pour
certains voisins, deviendrait très incommode
pour quelques autres et très-onéreuse pour
la ville, qui, dans un avenir prochain, se
verra obligée à poursuivre l'œuvre commencée. Or, le but n'est certainement pas le dégagement de la rue Sainte-Même, ainsi que
le porte l'énoncé de la délibération municipale, mais bien la formation du grand périmètre projeté du nouveau Parvis de Notre-
Dame ; et, par suite, la démolition de la
maison de l'Étroit-Degré entraînera inévi-
tablement la suppression, ou razzia gé-

nérale, d'un certain nombre de propriétés voisines (1).

Après la disparition de la maison de l'Étroit-Degré, il existera une différence de niveau de 2 mètres 50 centimètres entre les rues Percheronne, de l'Étroit-Degré et la rue du Cheval-Blanc. Le tronçon de la rue Percheronne, en cet endroit, n'a qu'une largeur de 3 mètres 60 centimètres entre les murs limitrophes qui alors se trouveront déchaussés, à leur base, de 2 mètres 50 centimètres, et cela, sans que la voie publique ait gagné quelque chose en largeur. La partie restant de la rue de l'Étroit-Degré deviendra une impasse pour les voitures, à moins que les propriétés voisines ne subissent des modifications désagréables et dispendieuses. Il faudra alors, et nécessairement, acquérir en son entier la propriété Corbin, puis, en partie, la maison Royer et le Cercle Chartrain, et de plus encore, la maison joignant

(1) Voy. Séance du Conseil municipal de Chartres du 3 février 1869, et le *Journal de Chartres* du 7 mars suivant. Notre dire est déposé et consigné dans les pièces de l'enquête ainsi qu'un plan à l'appui ; l'avenir décidera où était la raison.

la descente de l'Étroit-Degré, qui est en communauté avec celle que l'on démolit, par rapport à la fosse d'aisance, qui se trouve sous l'emmarchement de la descente.

Après ces considérations, il nous semble bien avéré que l'acquisition dont il s'agit et cette démolition si hâtive n'ont pas eu pour but principal de faciliter le dégagement de la rue Sainte-Même, mais bien celui du Parvis. N'oublions pas non plus que, par suite des cas prévus et imprévus, et cela dans un temps prochain, il deviendra indispensable de supprimer le Cercle Chartrain en totalité, et ensuite, afin de continuer l'alignement de la rue Percheronne, à six mètres de largeur (ce qui est inévitable si l'on veut réellement produire un dégagement sérieux, comme on a déjà débuté à l'ancien Hospice, maintenant propriété de Mlle De Bernard), il deviendra, disons-nous, indispensable de faire disparaître entièrement la maison de M. Corbin et partiellement celle de M. Royer. Or, tout ceci se résume en une question de satisfaction personnelle et intéressée pour quelques riverains, de grands désappointements pour quelques autres, et, pour la ville, en une énorme dépense d'argent !

Pour nous résumer, disons que le projet
de détruire la maison et le passage de l'É-
troit-Degré a été combiné, en novembre 1868,
voté en décembre, soumis à une rapide enquête en janvier, la démolition adjugée en
mars, mise à exécution en avril, afin que,
pour le 9 mai 1869, l'opération fût terminée,
et qu'il ne restât plus pierre sur pierre de
cette maison canoniale. Tout cela est à merveille, mais la suite de l'œuvre n'offrira-t-elle
pas plus de difficultés, au point de vue moral et financier, lorsqu'il s'agira de la conduire à bonne fin?

Laissons de côté nos considérations plus
ou moins dignes d'attention, et reprenons
notre rôle plus simple et plus intéressant
d'archéologue et de biographe. La maison
de l'Étroit-Degré est la réunion de deux maisons des XIIIe et XIVe siècles. Chacun des
passants ouvre de grands yeux, se torture
l'imagination, à l'aspect de cette vaste soupente garnie, à son pourtour, de corbeaux
en pierre, et où s'aperçoivent trois grands
arceaux en ogive qui n'ont eu d'autre but
que de gagner un certain espace de terrain,
tout en servant à maintenir la poussée des
terres de la rue de l'Étroit-Degré. Chacun

admire aussi, dans ce même lieu, trois belles colonnes monolithes et cylindriques dont le fût porte 2 mètres 60 cent. de long, avec base et chapiteau, plus un joli escalier de service, en pierres et à hélice, ayant une fenêtre en forme de meurtrière et prenant son jour sur la soupente, dans la direction de trois baies carrées en pierres, chanfreinées et garnies de barreaux de fer quadrillés, donnant sur la rue du Cheval-Blanc. On pouvait encore remarquer deux belles baies de portes en pierres, du XIIIe siècle, avec tympan trilobé et biseauté, donnant accès dans cette soupente et dans la basse-cave, où l'on descend par deux escaliers composés, dans leur ensemble, de cinquante-quatre marches !

L'intérieur de cette habitation était formé, au rez-de-chaussée, de vastes pièces ayant subi diverses transformations ou modifications successives, le tout généralement mal distribué. Le premier étage était en partie mansardé. Mais, dans la cuisine, nous avons découvert une très-curieuse cheminée du XIIIe siècle, adossée, dans l'épaisseur du mur, au passage de l'Étroit-Degré. Elle était sur un plan barlong de un mètre 80 cent.

Son manteau était supporté par deux pieds droits, avec pilastre et socle de pierre et surmonté de deux sommiers moulurés, qui formaient une forte saillie, portant la hotte et le manteau ; ce dernier était construit en pierres plates dessinant un cintre surbaissé se composant de quatre claveaux. Sur ce manteau et jusqu'au plancher régnaient, en haut relief, une ogive à arêtes et deux demi-ogives : le contre-cœur était formé de tuileaux. C'est la première cheminée en ce genre que nous ayons remarquée dans notre contrée.

La porte d'entrée était du XVIIe siècle, elle était ornée d'un petit guichet en serrurerie, découpé à jour, du XVIe siècle, très-joli de motif et très-ingénieux, comme disposition. La plupart des fenêtres prenaient leur jour, sur la rue du Cheval-Blanc, et elles avaient toutes, dans l'origine, des meneaux en pierres. L'escalier à hélice, dont nous avons parlé, prenait sa naissance près de cette porte. Les murs en grosse maçonnerie de silex, chaînés de pierres de taille, portaient 80 centimètres d'épaisseur. Nous avons relevé de nombreux plans et dessins de cette demeure canoniale.

Cette maison faisait partie du périmètre
du cloître du Chapitre de Notre-Dame, et,
avant le XIIe siècle, de celui de la cité Chartraine. Son entrée était dans la rue de l'É-
troit-Degré. Depuis peu d'années seulement,
on avait construit un petit rez-de-chaussée,
avec un toit en plate-forme, rue du Cheval-
Blanc, sur une portion de terrain vague qui,
avec celui de la propriété Corbin et une partie de la cour de l'ancien Hôtel de l'Écritoire,
formait l'emplacement de l'antique chapelle
Sainte-Même, dont les vieilles constructions
avaient été disposées et louées comme ma-
gasins à blé. Mais, dans la nuit du 18 au 19
juillet 1786, les planchers de ce grand bâtiment s'effondrèrent : cet édifice, qui faisait
partie de la maison de l'Étroit-Degré était
alors chargé de 438 setiers de blé (557 hecto-
litres), valant 10,195 livres. Le Chapitre subit,
pour une indemnité payée aux locataires,
une perte de 5,251 livres.

Voilà donc encore une maison du vieux
Chartres, et ayant fait partie du domaine de
l'ancien Chapitre, disparue. Sa destruction
aura entraîné, avec elle, celle du passage si
pittoresque de l'Étroit-Degré, passage reconnu, depuis quelques mois seulement,

comme très-dangereux pour la circulation
des habitants.

Le terrain de la rue actuelle du Cheval-
Blanc se trouvait, avant le XIIIe siècle, en
dehors de la ville, et tout le côté droit de
cette rue faisait partie de l'enceinte de la
cité. Il servit ensuite de clôture au cloître.
Un chemin rampant, depuis le faubourg
Saint-Jean, amenait, dans cette direction,
les populations des environs de Verneuil et
du Thimerais. Vers l'an 1180, époque où le
périmètre de la ville fut agrandi, du côté de
la place Châtelet, on créa la Porte-Neuve du
cloître, actuellement dite de l'Horloge, et le
passage de l'Étroit-Degré, ne devait être,
alors, qu'une sorte de poterne. Cette nouvelle voie prit le nom de rue Porte-Neuve,
puis au XVe siècle, celui de rue du Cheval-
Blanc; au XVIIe siècle, elle s'appela rue de
la Visitation, à cause du monastère de ce
nom qui venait de s'y installer; mais, à son
tour, la Révolution lui imposa son ancienne
dénomination de rue du Cheval-Blanc, jusqu'en 1823, époque où le vainqueur du Tro-
cadéro arriva dans notre ville. De suite, on
s'empressa, après le passage de ce prince
par cette rue, de lui donner le nom de rue

d'Angoulême ; enfin, depuis 1830 jusqu'à nos jours, elle reprit celui de rue du Cheval-Blanc. Mais elle devra, je pense, disparaître bientôt, ainsi que les maisons voisines dont les façades en encorbellement et en saillie sont d'un effet si original : il faut satisfaire le goût du jour. Déjà, en 1853, dans une circonstance malheureuse pour des orphelins, on avait profité d'un événement de force majeure, pour arriver à ce but, en jetant à terre une de ces pittoresques maisons. Cependant il ne faudrait pas oublier que les constructions en pans de bois défient, pour la durée et la solidité, les maisons édifiées en maçonnerie. Il peut arriver que les premières penchent parfois, mais elles ne s'écroulent jamais !

En passant, rappelons un souvenir relatif à l'Étroit-Degré qui va disparaître. En l'année 1680, l'emmarchement de ce passage public se trouvant en partie usé, par la grande fréquentation des habitants, nos Ediles adressèrent au Chapitre de Chartres, comme propriétaire de cette descente, une supplique dans laquelle il était prié de vouloir bien le rendre plus praticable. Le Chapitre répondit que, l'Étroit-Degré servant

plus pour l'usage des habitants que pour celui des chanoines, il incombait à la ville de
faire les frais et la dépense nécessaires,
comme elle le jugerait convenable. Nos Échevins s'étaient déjà mis à l'œuvre, lorsque,
soudainement, le Chapitre, à la suite d'une
nouvelle délibération, mit opposition à la
poursuite de ce travail. Il avait pensé que
l'empressement avec lequel les Échevins se
livraient à cette dépense devait avoir un but
caché et nuisible aux intérêts des chanoines :
et les réparations furent faites, à leurs frais,
dans la crainte, sans doute, que, plus tard,
les Ediles ne vinssent invoquer un droit sur
le passage de l'Étroit-Degré, en arguant des
dépenses qu'ils y auraient faites. Plus tard,
le 24 novembre 1764, dans une délibération
du Chapitre, il est dit que, les marches de
ce passage étant usées, il conviendrait d'en
retourner quelques-unes, et qu'il sera posé
une rampe en fer dans toute la longueur de
la maison canoniale, occupée par M. de Ma-
ranzac. En 1771, les marches sont encore re-
piquées; puis, en 1776, un effondrement total
de la fosse d'aisances, commune aux deux
maisons mitoyennes du passage et situées
au-dessous de celui-ci, exige de grandes ré-

parations qui sont exécutées, pour éviter la ruine entière de ces propriétés.

Le logis canonial de l'Étroit-Degré était un des plus exigus de ceux du cloître Notre-Dame, et il n'était généralement habité que par les chanoines qui résidaient momentanément à Chartres.

Avant de terminer cet article, nous dirons deux mots, touchant deux personnes qui ont habité la maison dont il s'agit, et laissé des souvenirs historiques, dans notre localité. Cette résidence reçut d'abord l'abbé Sieyès (Emmanuel-Joseph), prêtre du diocèse de Fréjus, licencié de la Faculté de théologie de Paris et chanoine de Tréguier ; il fut reçu chanoine de Chartres, le 23 juin 1783, par l'intermédiaire de M. De Lubersac, évêque de notre cité, qui avait précédemment occupé le siége de Tréguier. L'abbé Sieyès devint vicaire-général et fut nommé chancelier du Chapitre, le 9 mai 1788. Esprit inquiet et novateur, doué d'une vaste intelligence, mais rélégué par sa naissance au second rang du clergé, il résidait souvent à Paris, comme agent du Chapitre, pour en défendre les intérêts, soit auprès des diverses juridictions, soit à la Chambre du Clergé. Il fut un des

premiers à s'engager, pour la cause du Tiers-
État et du bas clergé, contre les priviléges.
Les événements politiques marchaient à
grands pas vers une rénovation sociale, et
Sieyès se jeta dans le courant des idées nouvelles et des réformes réclamées par les
États-Généraux. Le 19 avril 1790, une plainte
fut formulée, par le Chapitre de Chartres,
« contre les principes scandaleux répandus
dans ses écrits. » Puis, le 21 avril suivant,
il est tenu un Chapitre général, à propos
des brochures publiées par l'abbé Sieyès. Il
est dit dans la délibération : « Vu les princi-
» pes audacieux et scandaleux par lui émis,
» dans un écrit intitulé : *Projet d'un décret*
» *provisoire sur le Clergé,* Mgr l'Évêque sera
» supplié et conjuré, avec les instances les
» plus vives et les plus pressantes, de reti-
» rer sa confiance et le titre de Vicaire-Gé-
» néral à cet ecclésiastique, qui s'en est ren-
» du véritablement indigne, en renouvelant
» des erreurs déjà frappées des anathêmes
» de l'Église (1). » Mais la suite des événements renversa le Chapitre de Chartres, et

(1) Registres capitulaires du Chapitre Notre-
Dame de Chartres, des 19 et 21 avril 1790.

Sieyès poursuivit son rôle de novateur qui lui avait ouvert les portes des États-Généraux où il fut envoyé par les Parisiens. Sa brochure *Qu'est-ce que le Tiers-État* l'avait signalé à toute la France. Il fut nommé successivement membre de la Convention, du Directoire, puis Consul; forcé d'émigrer, en 1815, il revint en France, en 1830, et il mourut à Paris, membre de l'Institut, en 1836.

Le second personnage célèbre qui occupa, ensuite, cette même habitation de l'Étroit-Degré joua, à son tour, un rôle d'une certaine importance, à la fin du XVIIIe siècle, c'est Liendon (Gilbert), né à Bessay-sur-Allier (Allier), le 28 août 1757. D'abord homme de loi, puis juge au tribunal du deuxième arrondissement de Paris, il fut nommé, par suite des décrets des 5 et 14 septembre 1793, le 26 du même mois, au Tribunal Criminel extraordinaire, intitulé ensuite Tribunal Révolutionnaire de Paris, en qualité de substitut de l'accusateur public Fouquier-Tinville. Liendon, doué d'une grande facilité d'élocution, procédait souvent, dans ses réquisitoires, par des inductions habilement groupées et savamment développées; il avait souvent la faveur de

porter la parole, en remplacement de Fouquier-Tinville, dont il était un des cinq subs-
tituts. Le maître se chargeait plus spéciale-
ment de rédiger les actes d'accusation. Le
21 floréal an II (10 mai 1794), Madame Elisabeth, sœur du roi Louis XVI, était tra-
duite devant le Tribunal Révolutionnaire, en
compagnie de vingt-trois autres accusés,
prévenus, comme elle, d'avoir conspiré contre la République. Notre dévoué concitoyen
Chauveau-Lagarde s'était chargé de la défense de Madame Elisabeth. C'était Liendon
qui soutenait l'accusation. Tous ces malheureux furent condamnés à mort!

Ce tribunal sanguinaire prit fin, le 25 thermidor an II (10 août 1794) (1). Le 8 germinal
an III (28 mars 1795), vingt-quatre accusés,
en tête desquels figuraient Fouquier-Tinville
et tous les anciens membres du Tribunal
Révolutionnaire, y compris les jurés, furent
mis en jugement. Étaient encore cités nomi-
nalement cinq contumaces, au nombre des-

(1) Le tribunal de Paris, avait du 2 au 23 messidor an II (du 20 juin au 11 juillet 1794) c'est-à-
dire vingt et un jours, statué sur le sort de 731
accusés, sur lesquels 606 furent envoyés à l'é-
chafaud!

quels se trouvaient Liendon, Bravel, Barbier, Didier et Gauthier, qui ne purent être arrêtés. Seize des individus jugés subirent la mort, entre autres Fouquier-Tinville (1).

Liendon avait échappé aux réactionnaires de thermidor, et avait su éviter le sort de son chef Fouquier-Tinville ; ensuite il vint, avec sa famille, habiter aux Boisselières, commune de Lamblore (Eure-et-Loir), un manoir et ses dépendances qu'il avait acquis, comme bien national, du duc de Penthièvre. Une sorte de réaction s'étant ensuite opérée en faveur de son parti, il fut appelé, par le pouvoir exécutif, à succéder à M. Horeau, comme président du Tribunal Criminel d'Eure-et-Loir. Il fut installé dans cette fonction, le 3 mars 1798. Dans son discours de prise de possession, nous lisons le passage suivant : « Je sens toute l'importance des » fonctions que le Gouvernement me confie, » surtout succédant à un citoyen qui a long- » temps couru cette carrière. Mais un répu-

(1) Sur Liendon, voyez, *Hist. du Tribunal Révolutionnaire de Paris*, par E. Campardon. (Paris, Poulet-Malassis, 1862) t. I, p. 426, et t. II, p. 13, 69, 71, 97, 163, 432, 439, 443.

» blicain ne peut refuser les fonctions aux-
» quelles l'appelle la confiance du Gouver-
» nement : sûreté des personnes et des pro-
» priétés, impartialité dans nos délibéra-
» tions, fermeté inexorable contre le brigan-
» dage et le crime. »

Il faut savoir qu'à cette époque, les prisons de Chartres étaient encombrées de plus de deux cents voleurs et assassins, connus sous le nom de *Bande d'Orgères*. Ce fut Liendon qui présida aux débats de ce long procès, où figuraient 82 accusés (et 133 contumaces), dont 23 furent condamnés à mort. Malgré la prévention qui subsistait toujours contre l'ancien substitut de Fouquier-Tinville, il sut faire oublier, dans notre ville, la flétrissure qui entachait son nom, par la manière honorable dont il remplit ses fonctions.

Un arrêté du Gouvernement du 14 germinal, an VIII (4 avril 1800), le remplaça, comme président du Tribunal Criminel d'Eure-et-Loir, par M. Brocheton, et Liendon resta simple juge à Chartres, jusqu'en 1811, date à laquelle les Cours d'Assises remplacèrent les Tribunaux criminels, et, alors, M. Brocheton passa à la Cour impériale de Paris. Quant à Liendon, il quitta la maison de l'Étroit-Degré, ainsi que notre ville, pour rentrer dans la vie privée. Il avait deux filles, et il mourut à Paris, le 4 février 1826, âgé de 69 ans. Les fonctions exercées par lui, dans un tribunal politique et d'exception, furent toujours préjudiciables à son avancement dans la carrière judiciaire. Plus tard, il en fut de même pour ceux qui, sous la Restauration, avaient fait partie des Cours Prévôtales, et qui montrèrent un zèle exagéré, à poursuivre les Bonapartistes; alors ils demeurèrent constamment en état de suspicion, par suite des peines rigoureuses qu'ils avaient appliquées, et des formes sommaires et trop expéditives dont ils avaient usé dans l'exécution de leurs sentences.

C'est ainsi que tout s'éclipse et prend fin. La vieille maison canoniale et son fameux passage de l'Étroit-Degré, ainsi que ses notables habitants, Sieyès et Liendon, tout a disparu dans la poussière!!!

17 juin 1869.

———

LES SÉPULTURES DE NOS PÈRES.

———

> Partout où l'homme a séjourné
> en ce monde, vous trouverez les
> débris d'un vase.
>
> L'abbé COCHET.

Nous profitons du moment de calme dans lequel est rentrée notre bonne ville de Chartres, à peine remise de ses émotions causées par une suite de fêtes, de pèlerinages et d'expositions de toutes sortes, pour venir, avant l'ouverture du Concours de Vélocipèdistes, qui semblent déjà fourbus avant d'entrer en lice, et avant l'ouverture du Congrès scientifique qui doit siéger bientôt dans notre

cité, informer nos concitoyens que des découvertes d'une grande importance, au point
de vue des archéologues ou des amateurs
d'histoire très-ancienne, ont eu lieu récemment dans différents territoires de notre
localité.

Sur un sol restreint où des terrassements
avaient été exécutés pour la construction
d'une cave, chez M. Angot, vétérinaire, près
la place des Épars, section S, n° 20, du parcellaire cadastral de la commune de Chartres, on a découvert, à une profondeur de
3 mètres 40 c., entre deux petits murs, un
vase entier en terre blanche, en forme d'am-
phore, à goulot très-étroit, accompagné de
deux anses et à panse pyriforme. Auprès de
lui se trouvait une de ces grandes et belles
tuiles romaines que l'on rencontre assez fréquemment dans nos contrées. Ces deux objets ont été offerts par le propriétaire, au
Musée de la Société archéologique qui lui en
est reconnaissante. N'oublions pas de faire
remarquer que cette même fouille, pratiquée
à une profondeur de deux mètres, permit de
signaler, dans toute l'étendue de l'excava-
tion, la trace d'un incendie très-considérable,
puisque le sol et les pierres étaient calcinés

et désagrégés, sur une épaisseur de plus de 30 centimètres.

L'avis nous fut ensuite donné par M. Bonnard, notaire, qu'un certain nombre de squelettes étaient rencontrés dans les terrains de Saint-Prest, et qu'il se trouvait auprès d'eux de nombreux vases ou débris, ainsi que quelques armes et instruments en fer. Sur cette indication, dimanche 4 du courant, nous fîmes une excursion dans cette commune, particulièrement dans les dépendances de l'habitation de M. Jeulin, dit *Matard*, lequel eut l'obligeance, tout en nous conduisant, de nous expliquer comment il avait trouvé successivement, dans le sol, les squelettes en question, en exploitant le versant du coteau, situé derrière sa demeure, dans le but d'en extraire des silex et de la marne.

L'examen attentif du terrain, la position occupée par les squelettes, ainsi que différents vases et autres objets acquis par Mᵐᵉ Sainsot, lesquels vases et objets il nous fut accordé de voir, grâce aux démarches obligeantes de M. Friteau, instituteur à Saint-Prest, nous ont donné la conviction que la propriété de M. Jeulin, sise au champ-

tier des Falaises, section H, n° 343, était indubitablement un ancien cimetière Gallo-
Romain qui doit s'étendre également dans
le parcellaire n° 342. Jusqu'à ce jour, le
nombre des corps trouvés est d'environ quatorze. Ils avaient été inhumés sans sarco-
phages ni cercueils (puisqu'on n'en a retrouvé aucun indice ni reliquat quelconque).
Ils étaient enfouis, à environ un mètre de
profondeur, dans la marne foudrée, qui
constitue la couche supérieure du banc de
marne siliceux de ce coteau qui regarde la
rivière et est situé en face du pont de Fa-
laise. Un des squelettes était environné d'une
douzaine de vases, dont plusieurs sont en
terre rosée, avec un engobe rouge vif, d'autres en terre noire, grise et jaunâtre ; ces
derniers d'une pâte poreuse et assez per-
méable. On recueillit, en cet endroit, deux
jolis vases à une anse, en terre rose et d'une
jolie forme. Ils ont 18 cent. de hauteur sur
11 cent. de diamètre à la panse, qui est pyriforme. Nous signalerons encore une sorte de
coutelas en fer très-oxydé, qui accompagnait
l'un des corps. Beaucoup de ces vases ne se
trouvent qu'en tessons, à cause du tasse-
ment du sol où ils avaient été déposés et de

la friabilité de la terre avec laquelle ils sont
fabriqués.

Autre découverte curieuse. Il y a environ
six semaines, au Petit-Séminaire de Saint-
Cheron, près Chartres, section H, n° 37 du
parcellaire, M. l'abbe Godet, professeur de
Rhétorique dans cet établissement, guidé par
quelques faibles indices, eut l'idée de pratiquer, avec quelques-uns de ses élèves, au
milieu d'une des allées principales du parc,
des fouilles, jusqu'à une profondeur d'environ 80 centimètres, profondeur à laquelle se
trouve le sol vierge. Ses peines furent ré-
compensées par les découvertes successives
de squelettes, de fragments très-nombreux
de vases, et enfin par celle de deux monuments en pierre. Sur l'un, haut d'un mètre
et large de 45 cent., d'une très-jolie forme et
orné d'un motif architectural, est sculpté,
en haut relief, un autel votif, sur lequel repose une colombe ; au-dessus d'elle, dans le
haut d'une arcature et soutenues par deux
rubans attachés à une patère, deux guirlan-
des de feuillages descendent vers les côtés
par une courbure très-gracieuse. (Ce serait,
peut-être, un autel votif, autrefois dédié à
Vénus.)

L'autre monument qui vient d'être découvert, au moment même où nous écrivons,
est haut seulement de 48 cent. et large de 30
cent. Il est bien inférieur au premier, au
point de vue de l'art. Il représente, contenu
dans une arcature en retrait, un personnage
en buste et en haut relief. Ce buste, qui a la
tête nue et la barbe courte, est vêtu d'une
tunique qui porte un appendice drapé à l'é-
paule droite, et sur la partie antérieure du
col de la tunique se voit gravée en creux une
inscription un peu fruste, une autre inscription existe encore sur une frise qui forme
le contour de l'arcature ; peut-être pourrait-
on lire : CONSTANTINVS CONCIONIS AVCTOR. Parmi les objets trouvés et dont le nombre est
considérable, surtout en fragments de débris,
et en vases, soit de terre rouge dite de Sa-
mos ; soit de terre jaune, blanche, noire et
grise, une seule pièce de monnaie, un gros
bronze de l'empereur Commode y fut rencontré. On trouva également quelques fragments en verres de diverses teintes, et de
plus, deux débris d'une statuette Gallo-Romaine, en terre blanche provenant d'une
Vénus Anadyomène. Ces débris sont semblables à ceux que nous avons rencontrés dans

le four a figurines, découvert par nous aux
Vauroux, en 1858 (1). On dit, et avec raison,
que les trois siècles, pendant lesquels dura
chez nous l'ustion gréco-romaine, furent le
règne exclusif de la céramique. Pas une
créature humaine ne descendit dans la terre,
sans un fragment de tuile ou un morceau
de poterie. « Les cimetières de cette époque,
a dit l'abbé Cochet (2), sont de véritables
collections céramiques. »

Cette nécropole gallo-romaine, située en
cet endroit, n'a rien qui nous surprenne,
car nous avons déjà fait remarquer qu'à quelques mètres des murs du parc du Petit-Séminaire de Saint-Cheron, au milieu des vignes du champtier dit des *Pierres-Couvertes*,
on avait trouvé des tombeaux ou sarcopha-
ges en pierre, près de l'ancienne voie romaine, qui borde ce champtier, et qui est
connue sous le nom de chemin des Mathu-
rins (3).

Nous devons exprimer, ici, tous nos re-

(1) Mémoires de la Société Archéologique d'Eure-
et-Loir, t. II, p. 325, pl. XII.

(2) Céramique sépulcrale, p. 8.

(3) Mémoires de la Société Archéologique, t. IV,
p. 219.

mercîments à M. l'abbé Godet. pour l'aimable complaisance qu'il mit à nous montrer
ses intéressantes découvertes, dans la visite
rapide que nous lui avons faite. Nous espérons bien, grâce à l'aide et à l'assistance
qu'il a bien voulu nous promettre, pouvoir
étudier, d'une manière plus approfondie, au
point de vue archéologique et descriptif, ces
curiosités locales. Cela dit, nous nous reti-
rons au plus vite de l'arène, pour laisser
le chemin libre aux *Vélocimanes*, lancés à
fond de train, et qui menacent de nous passer sur le corps sans pitié. Au gré de ces
Messieurs et de beaucoup d'autres, en effet,
les archéologues et les vieux débris du passé
ne méritent guère qu'on leur sacrifie une
parcelle de temps, bien mieux employée en
futiles plaisirs ! En ce monde chacun a son
dada, celui des uns n'a qu'un cerveau vide
et deux jambes ; celui des autres est composé
de deux roues (1) !

(1) Chartres, pour sacrifier au goût du jour,
doit avoir sa Course de Vélocipèdes au Clos Saint-
Jean, le 8 août prochain. Cette journée sera-t-
elle glorieuse pour les *Vélocimanes* chartrains ?
Ces nouveaux *Chirons à roulettes* y auront-ils du
succès ?

Encore un mot. Ce que nous désirons le plus vivement, c'est que, par un moyen quelconque, le musée de la Société archéologique ou celui de la ville, puisse arriver à posséder, par acquisition, tout ou partie de ces précieuses trouvailles, au lieu de permettre qu'elles aillent, au loin, enrichir les musées étrangers ou les collections d'amateurs. Ce que nous proposons, c'est l'acquisition de ces monuments en pierre, si rares dans nos contrées et qui sont les pages éloquentes de l'histoire locale. Ce serait, selon nous, de beaucoup préférable à ces acquisitions prétendues artistiques, qui ne sont le plus souvent, que des œuvres mercantiles et de peu de valeur, au point de vue de l'art; n'offrant qu'un fâcheux résultat, celui d'encombrer les Musées d'œuvres vulgaires !!!

5 juillet 1869.

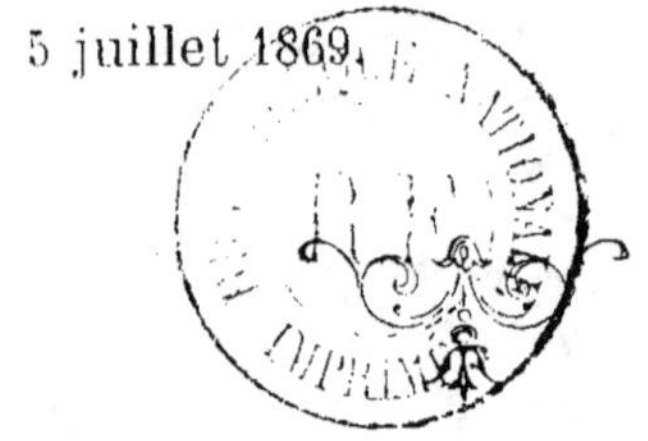

TABLE

Achevé d'imprimer le 25 janvier 1870.

Tiré à 45 exemplaires.